U0902810

经济学能够成为硬科学吗?

——方法论视角的研究

Could Economics Becomea Hard Science?
A Study Baesd on the Perspective of Methodology

汪毅霖 著

经济管理出版社
ECONOMY & MANAGEMENT PUBLISHING HOUSE

图书在版编目（CIP）数据

经济学能够成为硬科学吗?：方法论视角的研究/汪毅霖著．—北京：经济管理出版社，2016.12

ISBN 978－7－5096－4649－6

Ⅰ.①经… Ⅱ.①汪… Ⅲ.①经济学—研究 Ⅳ.①F0

中国版本图书馆 CIP 数据核字(2016)第 237829 号

组稿编辑：宋　娜
责任编辑：许　艳
责任印制：司东翔
责任校对：张　青

出版发行：经济管理出版社
（北京市海淀区北蜂窝 8 号中雅大厦 A 座 11 层　100038）
网　　址：www. E－mp. com. cn
电　　话：（010）51915602
印　　刷：北京晨旭印刷厂
经　　销：新华书店
开　　本：720mm×1000mm/16
印　　张：11.25
字　　数：196 千字
版　　次：2016 年 12 月第 1 版　　2016 年 12 月第 1 次印刷
书　　号：ISBN 978－7－5096－4649－6
定　　价：88.00 元

第五批《中国社会科学博士后文库》编委会及编辑部成员名单

序　言

博士后制度在我国落地生根已逾30年，已经成为国家人才体系建设中的重要一环。30多年来，博士后制度对推动我国人事人才体制机制改革、促进科技创新和经济社会发展发挥了重要的作用，也培养了一批国家急需的高层次创新型人才。

自1986年1月开始招收第一名博士后研究人员起，截至目前，国家已累计招收14万余名博士后研究人员，已经出站的博士后大多成为各领域的科研骨干和学术带头人。其中，已有50余位博士后当选两院院士；众多博士后入选各类人才计划，其中，国家百千万人才工程年入选率达34.36%，国家杰出青年科学基金入选率平均达21.04%，教育部“长江学者”入选率平均达10%左右。

2015年底，国务院办公厅出台《关于改革完善博士后制度的意见》，要求各地各部门各设站单位按照党中央、国务院决策部署，牢固树立并切实贯彻创新、协调、绿色、开放、共享的发展理念，深入实施创新驱动发展战略和人才优先发展战略，完善体制机制，健全服务体系，推动博士后事业科学发展。这为我国博士后事业的进一步发展指明了方向，也为哲学社会科学领域博士后工作提出了新的研究方向。

习近平总书记在2016年5月17日全国哲学社会科学工作座谈会上发表重要讲话指出：一个国家的发展水平，既取决于自然科学发展水平，也取决于哲学社会科学发展水平。一个没有发达的自然科学的国家不可能走在世界前列，一个没有繁荣的哲学社会科学的国家也不可能走在世界前列。坚持和发展中国特色社会主义，需要不断在实践和理论上进行探索、用发展着的理论指导发展着的实践。在这个过程中，哲学社会科学具有不可替代的重要地位，哲学社会科学工作者具有不可替代的重要作用。这是党和国家领导人对包括哲学社会科学博士后在内的所有哲学社会科学领域的研究者、工作者提出的殷切希望！

中国社会科学院是中央直属的国家哲学社会科学研究机构，在哲学社会科学博士后工作领域处于领军地位。为充分调动哲学社会科学博士后研究人员科研创新的积极性，展示哲学社会科学领域博士后的优秀成果，提高我国哲学社会科学发展的整体水平，中国社会科学院和全国博士后管理委员会于2012年联合推出了《中国社会科学博士后文库》（以下简称《文库》），每年在全国范围内择优出版博士后成果。经过多年的发展，《文库》已经成为集中、系统、全面反映我国哲学社会科学博士后优秀成果的高端学术平台，学术影响力和社会影响力逐年提高。

下一步，做好哲学社会科学博士后工作，做好《文库》工作，要认真学习领会习近平总书记系列重要讲话精神，自觉肩负起新的时代使命，锐意创新、发奋进取。为此，需做到：

第一，始终坚持马克思主义的指导地位。哲学社会科学研究离不开正确的世界观、方法论的指导。习近平总书记深刻指出：坚持以马克思主义为指导，是当代中国哲学社会科学区别于其他哲学社会科学的根本标志，必须旗帜鲜明加以坚持。马克思主义揭示了事物的本质、内在联系及发展规律，是“伟大的认识工具”，是人们观察世界、分析问题的有力思想武器。马克思主义尽管诞生在一个半多世纪之前，但在当今时代，马克思主义与新的时代实践结合起来，愈来愈显示出更加强大的生命力。哲学社会科学博士后研究人员应该更加自觉地坚持马克思主义在科研工作中的指导地位，继续推进马克思主义中国化、时代化、大众化，继续发展21世纪马克思主义、当代中国马克思主义。要继续把《文库》建设成为马克思主义中国化最新理论成果宣传、展示、交流的平台，为中国特色社会主义建设提供强有力的理论支撑。

第二，逐步树立智库意识和品牌意识。哲学社会科学肩负着回答时代命题、规划未来道路的使命。当前中央对哲学社会科学愈发重视，尤其是提出要发挥哲学社会科学在治国理政、提高改革决策水平、推进国家治理体系和治理能力现代化中的作用。从2015年开始，中央已启动了国家高端智库的建设，这对哲学社会科学博士后工作提出了更高的针对性要求，也为哲学社会科学博士后研究提供了更为广阔的应用空间。《文库》依托中国社会科学院，面向全国哲学社会科学领域博士后科研流动站、工作站的博士后征集优秀成果，入选出版的著作也代表了哲学社会科学博士后最高的学术研究水平。因此，要善于把中国社会科学院服务党和国家决策的大智库功能与《文库》的小智库功能结合起来，进而以智库意识推动品牌意识建设，最终树立《文库》的智库意识和品牌意识。

第三，积极推动中国特色哲学社会科学学术体系和话语体系建设。改革开放30多年来，我国在经济建设、政治建设、文化建设、社会建设、生态文明建设和党的建设各个领域都取得了举世瞩目的成就，比历史上任何时期都更接近中华民族伟大复兴的目标。但正如习近平总书记所指出的那样：在解读中国实践、构建中国理论上，我们应该最有发言权，但实际上我国哲学社会科学在国际上的声音还比较小，还处于有理说不出、说了传不开的境地。这里问题的实质，就是中国特色、中国特质的哲学社会科学学术体系和话语体系的缺失和建设问题。具有中国特色、中国特质的学术体系和话语体系必然是由具有中国特色、中国特质的概念、范畴和学科等组成。这一切不是凭空想象得来的，而是在中国化的马克思主义指导下，在参考我们民族特质、历史智慧的基础上再创造出来的。在这一过程中，积极吸纳儒、释、道、墨、名、法、农、杂、兵等各家学说的精髓，无疑是保持中国特色、中国特质的重要保证。换言之，不能站在历史、文化虚无主义立场搞研究。要通过《文库》积极引导哲学社会科学博士后研究人员：一方面，要积极吸收古今中外各种学术资源，坚持古为今用、洋为中用。另一方面，要以中国自己的实践为研究定位，围绕中国自己的问题，坚持问题导向，努力探索具备中国特色、中国特质的概念、范畴与理论体系，在体现继承性和民族性，体现原创性和时代性，体现系统性和专业性方面，不断加强和深化中国特色学术体系和话语体系建设。

新形势下，我国哲学社会科学地位更加重要、任务更加繁重。衷心希望广大哲学社会科学博士后工作者和博士后们，以《文库》系列著作的出版为契机，以习近平总书记在全国哲学社会科学座谈会上的讲话为根本遵循，将自身的研究工作与时代的需求结合起来，将自身的研究工作与国家和人民的召唤结合起来，以深厚的学识修养赢得尊重，以高尚的人格魅力引领风气，在为祖国、为人民立德立功立言中，在实现中华民族伟大复兴中国梦征程中，成就自我、实现价值。

是为序。

王京清

中国社会科学院副院长

中国社会科学院博士后管理委员会主任

2016 年 12 月 1 日

摘要

经济学中有两种不同的思想传统：一是伦理学的传统，该传统下的经济学家关注经济学的人文维度；二是工程学传统，这一传统下的经济学家以推动经济学的“科学主义”为己任。从1776年经济学诞生（尤其是20世纪）以来，经济学的工程学传统越来越明显地压倒了伦理学传统。但是，经济学在研究方法上对自然科学（实际上是牛顿的经典物理学）的高度模仿，真的意味着经济学能够成为硬科学吗?

本书的创新在于：结合经济学的理论前沿，尤其是福利经济学、复杂经济学、行为经济学和实验经济学等领域的新进展，对经济学的学科性质问题做出了当代回应；以科学哲学理论为工具箱，从方法论的视角对经济学的学科性质加以反思。

本书的研究结论如下：

首先，从研究对象的性质看，经济学与自然科学之间有明显的差异。经济学家和其他信奉理性原则的社会科学家坚持还原主义的方法论——把理性简化为一种个人主义的存在。基于此，经济学家可以建构决定论模型，这种模型使得经济学理论在逻辑上能够做出精确的预测。于是，经济学对于认识和改造世界似乎可发挥无限度的功能。然而，经济学的研究对象在本体论上是复杂现象而非简单现象，其复杂性源于主体间性。主体间性表明，在社会科学的两个维度——事实维度和价值维度之间，价值维度更具主导性。主流经济学所采用的情境分析方法的危机根源在于误解了经济现象的本质，导致过分强调了社会科学与自然科学研究方法上的类似性。与之相反，直面真实的复杂现象可以成为经济学范式转换的一种思路。

其次，从科学的划界准则的角度看，由于研究对象的复杂性和研究传统的二元性，经验检验不应该被视为经济学中压倒性的科学准则。自20世纪30年代以来，受逻辑实证主义和证伪主义的影响，经济学以经验检验作为压倒性的准则。但是，经济学家并没有准确地预测出2008年金融危机的爆发及其后果，而精确预测是任何以经验检验作为划界准则的科学理论的题中应有之义。逻辑上的准确预测和实践中的失准预测之间的冲突有深刻的思想根源——长期以来，经济学家们自觉或不自觉地夸大了其理论的完备性和在公共政策中的实用性，而有意无意地回避了经济理论的适用边界问题，包括：第一，经验检验准则本身有需要解决的哲学难题；第二，经济学中含有无法进行经验检验的内容；第三，经济学的经验检验受到本学科研究对象的特殊性的影响。

再次，经济学不可能给出如自然科学一般的精确预测，即使在大数据时代仍然如此。包括弗里德曼在内的很多新古典经济学家对于经济学预测的限度并没有充分的自觉，仍然将精确性作为评价和选择经济学理论的外部标准。这种自设陷阱的行为恰是哈耶克所批评的“致命的自负”的直接体现，其后果就是在重大宏观经济事件上精确预测的屈指可数导致经济学受到了无休止的批评，而经济学家的自我辩护又大多不着边际。研究对象的复杂性意味着经济学只能做出模式预测而非精确预测。

又次，实验方法的引入仍然不足以证明经济学已经是硬科学。实验经济学之所以会产生，很大程度上源于经济学家们想为经济理论的因果检验提供新的更强有力的工具，这一新的工具——（实验室）实验——需要满足可控制性和可重复性的要求。实验经济学的发展强化了经济学对理论进行严格证伪检验的可能。从科学哲学的视角看，实验经济学的全部工作都在试图对“迪昂—奎因论题”做出有力的回应。实验经济学在技术层面上实现了对传统的计量检验的革命性超越，从而为在哲学层面上回复“迪昂—奎因论题”的挑战提供了实践基础。虽然实验经济学取得了显著的成功，但是由于经济学具有复杂的研究对象、多样的研究主题和二元的研究传统，实验方法无法适用于全部的经济学领域。

最后，实验方法为经济学中伦理学传统的复兴提供了新的可能路径。实验方法的发展不仅能够提高经济学的工程学水平，也为经济学中事实与价值的整合提供了新的可能。大量实验确证了亲社会偏好的存在，从而为对价值的量化研究提供了可能。以实验为基础，经济学家可以将工程学和伦理学结合在作为博弈规则的制度层面，从而实现从微观到宏观、从个体选择到集体绩效的有机连接。经济学家可以借助实验分析制度对人类复杂行为可能产生的影响进行分析，从而对制度变迁的结果做出合理的解释和预测。

总之，经济学尚不是如自然科学一样的硬科学，而且由于其处于人文学科和自然科学之间的属性，经济学未来也不会成为严格意义上的硬科学。出于经济学在学科性质上的特殊性的考虑，经济学家必须对经济学认识和改造世界的能力保持充分的谨慎。分析工具的进步并不意味着经济学可以晋升为硬科学，反而可能会导致伦理学传统的复兴。经济学家不必为经济学不是科学而感到沮丧，对经济学学科性质的正确认识有助于经济学研究抛弃“庸俗”，重新找回“人”及其“价值”。

关键词：价值；情境分析；经验检验；预测；实验

Abstract

There are two kinds of thought tradition in economics. One of them is the tradition of ethical aspect, and the another one is the tradition of engineering aspect. Economists in tradition of ethics focus on the humanities of economics, and economists in tradition of engineering try to reconstruct economics with method of "scientism". Since the year of 1776, especially from 20 century, engineering aspect of economics makes more and more advantages than ethical aspect of economics. Although economics always formally simulates natural sicence (in fact classical physics of Newton) in the field of methods, has economics become hard science?

The innovation of this book has two parts: Following the theoritical frontier of economics about welfare, complexity, behavior and experiment, we give a contemporary response to question of the subject nature of economics. And we have an explanation about the subject nature of economics with the tool cabinet of philosophy of science.

There are some conclusions in this book as follows:

Firstly, there are obvious differences between economics and natural science on the properties of research object. Economists and other social scientists who believing in rational principle insist on methodology of reductionism, it reduce rationality as an existence of individualism. And then, social scientists can construct determinism model. This kind of model means theory of social science can give a precise prediction. For this reason, the limitation of social science in the process of recognizing and transforming world as if disappears. However, on the level of ontology, the objects of social science are complex phenomena rather than simple phenomena, complexity comes from intersubjectivity; intersubjectivity means that value dimension is more important than fact dimension in social science. The crisis of situational analysis using by mainstream economics results from the misunderstanding on the nature of economic phenomenon, and situational analysis overemphasize the similarity between methodology of social science and methodology of natural science.

Secondly, on the pespective of demarcation of science, because there are complex object and plural tradition in economics, empirical test can't be seen as an overriding criterion of science at all. From the 1930s, economists begin to take empirical test as an overriding criterion. On the perspective of philosophy of science, the fashion of empirical test is influenced by logical positivism and falsificationism. The 2008's financial crisis demonstrates that economics can't predict the eruption and effect of crisis accurately. If economists consider empirical test as an overriding criterion, the accuracy of predictions is necessary for economic science. For a long time, economists tend to exaggerate the certainty of economic conclusions, and then believe that economics is omnipotent to public policy. They avoid a discussion about the boundary conditions of economic theory. These limitations include: (1) Criterion of empirical test itself needs to solve some intrinsic difficulties of philosophy; (2) There are some non - predictable or even non - empirical contents in economics; (3) Properties of research objects of economics will affect the performance of empirical test. For these reasons, empirical test can't be seen as an overriding criterion of science at all.

Thirdly, economics can not give accurate predictions just like natural science, even though we are living in "Big data" time. Many neoclassical economists, for instance Milton Friedman, do not realize limitations of economic predictions, so they still take accuracy as external criterion of evaluating and choosing economic theory. This kind of self -

trapped bahaviors represent "The Fatal Conceit" of F. A. Hayek. This methodological misundertanding leads to increasing critiques on inaccuracy of economic predictions, especially on important macroeconomic fluctuations, and self – defenses of economists are all not to the point. The complexity of research object means economics can only have pattern prediction rather than accurate prediction.

Forthly, introducing the method of experiment does not mean economics has become hard science. The lack of scientificity of positive analysis of traditional economics results in the birth of "experimental economics", it is a subject which researches on economic matters by controlled and replicable laboratory experiment. The development of experimental economics strengthens the ability of economics to have a strict falsification test on its theory. In the perspective of philosophy of science, all the work of experimental economics is to try to have a powerful responses on "Duhem – Quine thesis". On the dimension of techinique, experimental economics has a revolutionary beyond to traditional test by econometrics. It becomes an applicatory base for replying to the challenge of "Duhem – Quine thesis". Although experiment economics has achieved prominent success, experiments are not appropriate to the whole territory of economics. This limitation results from complex object, plural research subjects and double traditions in economics.

At the end, experimental methods provide possible pattern for the reviving of economic tradition of ethics. The Development of experimental methods can improve the level of engineering of economics, and it give a new chance for the combination of fact and value. A lot of experiments has confirm existing social preference in lab, so experiments provide new possibility for quantitative research of value. Based on experiments, economists can reintegrate engineering and ethics on institution as game rule. This kind of recombination can help us to rethink the relation of Micro individual choice and Macro collective performance. Economists can analyse on institutional effect on complex behaviors of human being, so we will have more reasonable explanations and predictions on the results of institutional change.

In sum, economics has not been hard science as natural science. And because the nature of subject of economics is between humanities and science, economics will never become a strictly hard science in the future. For the characteristics of nature of subject of economics, economists must have enough cautious for the ability of economics to recognize and transform the world. The improvement of analytical tools do not mean economics can upgrade to hard science, and it is likely to revive ethical aspect of economics. Economists need not to be depressed for economics not be hard science, right realizations about nature of subject of economics can help economics to abandon "vulgarization" and find "value" of Human again.

Key Words: Value; Situational Analysis; Empirical Test; Prediction; Experiment

目录

引言 …… 1

第一章 经济学的价值维度及其方法论含义 …… 5

第一节 经济学的学科定位与价值维度 …… 5

第二节 价值视野下经济学的方法论特殊性 …… 8

一、还原论模型在经济学中的非适用性 …… 8

二、在经济学中引入价值维度的哲学依据 …… 10

三、价值维度与经济学解释力 …… 12

四、事实与价值的“缠结”的哲学含义 …… 14

第三节 对事实与价值的“缠结”的福利经济学论证 …… 17

一、分配与社会福利的简单模型 …… 17

二、分配模型中的价值维度 …… 19

第四节 价值因素的经济学方法论含义 …… 23

一、经济学与复杂现象 …… 23

二、经济学与经验检验 …… 24

三、经济学与模式预测 …… 27

四、经济学与实验 …… 28

第五节 小结 …… 30

第二章 经济学的情境分析与复杂现象 …… 33

第一节 情境分析的缘起 …… 33

一、波普尔与哈耶克之间的学脉渊源 …… 34

二、情境分析的科学哲学实质 …… 37

第二节 对情境分析的批评与超越 …… 39
一、伪问题与真问题 …… 39
二、波普尔与哈耶克的异与同 …… 40
三、哈耶克对复杂性的定义 …… 43
四、复杂现象与价值 …… 45
第三节 面向复杂现象的经济学 …… 47
一、涌现与宏观经济学 …… 47
二、证伪与复杂现象 …… 50
第四节 小结 …… 53

第三章 经验检验与经济学的科学性的判断 …… 57

第一节 经济学是如何成为一门实证科学的 …… 57
一、古典经济学与先验方法 …… 57
二、新古典经济学与实证方法 …… 59
第二节 以经验检验为压倒性准则要面对的普遍困难 …… 60
一、非经验的科学理论检验标准 …… 60
二、经验检验不是科学发现的必要前提 …… 62
三、不存在完备的判决性检验 …… 63
第三节 经济学中的经验检验所要面对的特殊困难 …… 64
一、经济学研究主题的多元性 …… 64
二、经济现象的复杂性与模式预测 …… 66
第四节 小结 …… 69

第四章 经济学预测与大数据 …… 73

第一节 大数据时代的经济学预测的基本问题 …… 73
第二节 经济学预测的性质与预测为什么会失准 …… 75
一、预测为什么重要 …… 75
二、什么是经济学的预测 …… 77
三、经济学的预测何以频频失准 …… 80
第三节 大数据的经济学含义与大数据预测的方法论 …… 82
一、大数据预测的“成本—收益”分析 …… 83
二、大数据预测与经济学预测的方法论差异 …… 85

第四节 大数据的反思及其对经济学预测的影响 …………………… 88
一、大数据预测存在的问题 …………………………………… 89
二、大数据对经济学预测的可能影响 ……………………………… 92
第五节 小结 …………………………………………………… 94

第五章 对经济学中的实验的科学哲学阐释 ………………… 97

第一节 经济学的实验室实验的基本性质 ………………………… 98
一、对实验方法的排斥及其后果 ………………………………… 99
二、经济学中缺失严格证伪检验的原因………………………… 101
第二节 实验经济学方法论与技术视角的严格检验……………… 104
一、实验中的“内部有效性”和“外部有效性” ………………… 104
二、实验经济学的检验步骤…………………………………… 105
第三节 实验经济学方法论与哲学视角的严格检验……………… 107
一、经济学实验中的“迪昂—奎因论题” …………………… 107
二、实验经济学家对“迪昂—奎因论题”的回应 ……………… 109
第四节 实验方法的功能拓展…………………………………… 111
一、作为建模方式的实验经济学………………………………… 111
二、两种实验经济学功能的比较………………………………… 113
第五节 小结…………………………………………………… 115

第六章 实验视角下经济学两种传统的综合及其制度含义 …… 117

第一节 两种传统的消长与作为工程学的实验…………………… 118
一、经济学的两种传统………………………………………… 118
二、工程学视角下的经济学实验………………………………… 119
第二节 实验方法与经济学伦理传统的复兴……………………… 122
一、实验中的亲社会偏好……………………………………… 122
二、对亲社会偏好的模型化…………………………………… 124
第三节 两种传统的综合与经济学家应该做什么………………… 127
一、制度为什么重要…………………………………………… 127
二、实验室中的制度…………………………………………… 129
三、经济学家应该做什么……………………………………… 131
第四节 小结…………………………………………………… 132

第七章　结论 …………………………………………………………… 135

参考文献 ………………………………………………………………… 139

索　引 …………………………………………………………………… 151

后　记 …………………………………………………………………… 153

专家推荐表 ……………………………………………………………… 155

Contents

Introduction 1

1 Value and Its Methodological Meaning in Economics 5

1.1 Subject Orientation and Value Dimension of Economics 5

1.2 Methodological Specificity of Economics on a Perspective of Value 8

1.2.1 Inapplicability of Reductionism Model in Economics 8

1.2.2 Philosophical Basis of Introducing Value into Economics 10

1.2.3 Value Dimension and Explanation Power of Economics 12

1.2.4 Philosophical Implication of Entanglement of Fact and Value 14

1.3 Argument of Welfare Economics on Entanglement of Fact and Value 17

1.3.1 A Simple Model of Distribution and Social Welfare 17

1.3.2 Value Dimension in a Distribution Model 19

1.4 Implication of Economic Methodology on Value Factors 23

1.4.1 Economics and Complex Phenomena 23

1.4.2 Economics and Empirical Tests 24

1.4.3 Economics and Pattern Predictions 27

1.4.4 Economics and Experiments 28

1.5 Summary 30

2 Situational Analysis and Complex Phenomena in Economics ········· 33

2.1 Genesis of Situational Analysis ········· 33

2.1.1 Academic Relation between Popper and Hayke ········· 34

2.1.2 Essence of Philosophy of Science of Situational Analysis ········· 37

2.2 Critiques and Beyond on Situational Analysis ········· 39

2.2.1 Problem: Pseudo and Real ········· 39

2.2.2 Differences and Similarities Between Popper and Hayek ··· 40

2.2.3 Hayek's Defination on Complexity ········· 43

2.2.4 Methodological Difference between Economics and Natural Science ········· 45

2.3 Economics Facing to Complex Phenomena ········· 47

2.3.1 Emergency and Macroeconomics ········· 47

2.3.2 Falsification and Complex Phenomena ········· 50

2.4 Summary ········· 53

3 Empirical Tests and a Judgement about Scientific Nature of Economics ········· 57

3.1 How Economics Become a Positive Science ········· 57

3.1.1 Classical Economics and à Priori Method ········· 57

3.1.2 Neoclassical Economics and Positive Method ········· 59

3.2 General Difficulties of Empirical Test as an Overriding Criterion ········· 60

3.2.1 Criterions of Nonempirical Test to Scientific Theory ········· 60

3.2.2 Empirical Test is not a Necessary Condition of Scientific Discovery ········· 62

3.2.3 No Existing Complete Critical Test ········· 63

3.3 Special Difficulties of Empirical Test in Economics Need to Face ········· 64

3.3.1 Diversities of Research Topic in Economics ········· 64

3.3.2 Complexity and Pattern Prediction of Economic Phenomena ········· 66

3.4 Summary ·· 69

4 Prediction of Economics and Big Data ································ 73

4.1 "Big Data" Time and Basic Problem of Prediction of Economics ·· 73

4.2 Nature of Prediction of Economics and Why Predictions often Inaccurated ·· 75

4.2.1 Why Predictions are Important ································ 75

4.2.2 What is Prediction of Economics ···························· 77

4.2.3 Why Prediction of Economics often Inaccurated ··········· 80

4.3 Economic Implication of Big Data and Methodology of Big Data Prediction ·· 82

4.3.1 "Benefit - cost" Analysis of Big Data Prediction ········ 83

4.3.2 Methodological Differences between Big Data Prediction and Economic Prediction ·· 85

4.4 Reexamine Big Data and Big Data's Effect on Economic Prediction ·· 88

4.4.1 Difficulties of Big Data Prediction ·························· 89

4.4.2 Possible Effect of Big Data on Economic Prediction ········ 92

4.5 Summary ·· 94

5 An Explanation of Philosophy of Science on Economic Experiment ·· 97

5.1 Basic Properties of Economic Experiment in Lab ··············· 98

5.1.1 Refusing of Experiment Method and Its End ················· 99

5.1.2 Reasons for No Existing Critical Falsified Test in Economics ·· 101

5.2 Methodology of Experiment Economics and Critical Test with Techinique ·· 104

5.2.1 "Internal Validity" and "External Validity" in Experiment ·· 104

5.2.2 Test Process of Experiment Economics ···················· 105

5.3 Methodology of Experiment Economics and Critical Test with Philosophy ······ 107
5.3.1 "Duhem – Quine Thesis" in Economic Experiment ······ 107
5.3.2 Experimental Economists' Responses to "Duhem – Quine Thesis" ······ 109
5.4 Function Expansion of Experiment Method ······ 111
5.4.1 Experiment Economics as Model Method ······ 111
5.4.2 Comparison on Different Functions of Experiment Economics ······ 113
5.5 Summary ······ 115

6 Two Kinds of Tradition and Its Institutional Implication on a Perspective of Experiment ······ 117

6.1 Evolution of Two Kinds of Tradition and Experiment as Engineering ······ 118
6.1.1 Two Kinds of Tradition ······ 118
6.1.2 Economic Experiment as Engineering ······ 119
6.2 Experiment Method and Reviving of Ethics of Economics ······ 122
6.2.1 Social Preference in Experiment ······ 122
6.2.2 Models of Social Preference ······ 124
6.3 Combination of Two Kinds of Tradition and What Economics Should Do ······ 127
6.3.1 Why Institution Is Important ······ 127
6.3.2 Institutions in Lab ······ 129
6.3.3 What Economists Should Do ······ 131
6.4 Summary ······ 132
7 Conclusions ······ 135
References ······ 139
Index ······ 151
Postscript ······ 153
Recommendations ······ 155

引　言

在社会科学界，经济学无疑是一门显学。主流的经济学家们往往以科学家自诩，且他们的确是社会科学界中唯一可以如自然科学家一样获得诺贝尔奖荣誉的群体。经济学界的这种唯科学主义（Scientism）倾向有其悠久的传统，从斯密（Adam Smith）时代开始，经济学家就以物理学家为偶像，斯密尤其崇拜牛顿（Isaac Newton）及其所代表的经典物理学的研究方法。

从1776年《国富论》出版算起，经济学已有200多年的发展历史。从总体看，经济学的研究方法在朝着越来越接近自然科学的方向前进，主要表现为数理逻辑的大量运用和计量方法的大行其道。与之对应地，由于无法通过数学模型加以逻辑表达和/或不能加以精确的数量化，很多经济学中的传统因素被排除在了主流新古典经济学的研究范畴之外。如果说斯密的经济学仍然是科学与人文的统一，那么现代主流经济学则仅专注于“唯科学主义”的维度，同时尽量去除任何无法量化的人文因素，以避免非科学之讥。

典型地，对伦理因素（价值判断问题）的讨论自20世纪初以来，在主流经济学中逐步淡化乃至消失，虽然这是斯密的另一本著作《道德情操论》的核心主题。这种“去伦理学”的倾向导致主流经济学的研究视角自动收窄，而关注伦理问题的学派被归类为非主流的异端。同时，严格遵循“经济学—伦理学”二分法并不是没有任何代价（这符合经济学家应有的基本直觉——“世界上没有免费的午餐”）。“经济学—伦理学”二分法（其背后所蕴含的哲学本质是“事实　价值”二分）有可能导致经济学研究被数理逻辑和计量方法所“俘虏”，即优先研究现有分析工具可以处理的经济问题，而不是去关注真正重要但可能无法运用现成分析工具加以讨论的经济问题。

从思想史的角度回顾，经济学在起源上属于道德哲学的一个分支。那么，经过了200多年的发展尤其是基于最近几十年间分析工具的进步，经济学是否已经完全脱离了原初的伦理学属性，而成为了纯粹的仿自然科学意义上的“硬”（Hard）科学呢?如果说经济学还没有成为完全意义上的硬科学，那么其是否正在接近这个目标呢?如果经济学距离这一目标并没有变得更为接近，那么又是因为什么呢?

对于以上只涉经济学本质的方法论问题，乐于从事方法论思考的经济学家或经济学方法论研究者已经有过一定的专门研究。例如国内在此问题上至少翻译出版了《经济学正在成为硬科学吗?》①（Is Economics Becoming a Hard Science?）和《经济学为什么还不是一门科学》②（Why Economics Is Not Yet a Science）两部国外学者论文集，本书定名为《经济学能够成为硬科学吗?方法论视角的研究》（Could Economics Become a Hard Science? A Study Based on the Perspective of Methodology）正是向学术前辈们的致敬与回应。可问题是，既然之前已经有过学术大家的相关研究，拙作难道不会有狗尾续貂之嫌吗?

之所以愿意冒此狗尾之险而集成此书，实是因为经济学的科学化分析工具在最近二三十年里已经有了非常迅猛的发展，需要对经济学家和经济学方法论研究者在20世纪八九十年代（上引两部文集的成书时间）给出的回答加以升级。

从分析工具上看，经济学家的多年努力确实获得了丰硕的回报。在常规的计量方法方面，各种新的计量模型层出不穷，大有“乱花渐欲迷人眼”之势。计量经济学家们通过发展“工具变量”（Instrumental Variable）技术和“倍差模型”（Difference in Difference Model）方法，在确认因果关系方面取得了明显的进展。同时，实验经济学近几十年来的兴起为经济学家们提供了新的分析工具选项。经济学实验，包括实验室（Laborary）实验、现场（Field）实验和其他类型实验，都具有不等程度的“可控制”（Control）和“可重复”（Replication）特征，从而意味着经济学在确认因果性上有了更有力的工具。同时，由于实验是现代自然科学的主要标志，似乎实验方法的推广也意味着经济学有了更浓的科学味道。但问题是，分析工具的进步一

① ［法］安托万·多迪默、让·卡尔特里耶:《经济学正在成为硬科学吗?》，张增一译，经济科学出版社2002年版。

② ［美］阿尔弗雷德·艾克纳:《经济学为什么还不是一门科学》，苏通、康以同等译，北京大学出版社1990年版。

定意味着经济学更为接近硬科学了吗？从工具论的立场上讲，计量和实验都是检验经济理论的假说性命题的手段，所以我们也可以问，经验检验工具的进步是否就是经济学已经或者正在成为硬科学的标志？如果我们不能对此问题给出肯定的答案，那么我们就必须转而回答，经济学具有何种方法论的特殊性，而这种特殊性的存在既与分析工具的进步无关，也意味着经济学不可能完全成为硬科学——更精确地说是爱因斯坦（Albert Einstein）之前的牛顿经典物理学意义上的硬科学。或者，更有理论野心一点的话，经济学方法论的特殊性和后爱因斯坦时代自然科学观的转变是否意味着我们应该重新定义“科学”这一概念。

本书尝试通过如下安排来回答“经济学能够成为硬科学吗”之问及其引出的相关问题：

第一章讨论经济学的价值维度，即经济学中所无法回避的事实—价值“缠结”，以及这种“缠结”的方法论含义。我们将分别从经验事实维度和规范理论维度证明，价值是经济学无法摆脱的内容，硬性地回避无助于利用经济学来认识和改造世界。相反，重视事实与价值的“缠结”可以得出与排斥伦理考量的新古典经济学不同的方法论主张。

第二章从20世纪最重要的科学哲学家之一波普尔（Karl Popper）的视角讨论经济学的主流建模方法——情境（Situation）分析。我们将证明，由于基于理性假设和其背后的还原论思想来构建模型，情境分析存在一些需要解决的方法论困难，而这些困难极大地削弱了主流经济学的解释和预测能力。未来的经济学研究将从简单现象的世界步入更真实的复杂现象的世界。

第三章讨论科学的最重要的划界标准——能够给出可经验检验（Empirical Test）的命题，且该命题通过了证伪检验——在经济学中的应用问题。我们将证明，由于经济学内部的研究传统和研究内容的多样性，经验检验虽然仍是经济学方法论很重要的组成部分，但却不应该是经济学研究中的压倒性准则。

第四章接续第三章的工作，将分析经济学预测的方法论基础及其有限性。结合大数据（Big Data）的时代背景，我们将从方法论的角度对照性地讨论大数据时代的经济学预测与经济学视角下的大数据预测。我们将从方法论上证明，任何对于100%准确预测的期望都是一种迷信，只不过迷信的对象是所谓的“科学”。

第五章将讨论经济学在实验方法这一最重要的科学分析工具上的进步及其方法论意义。主流经济学对于实验方法论的质疑体现在两个方面：一是经济学的实验方法在技术上的可行性；二是经济学的实验方法在哲学上的合理性。我们将证明，从经验检验的技术角度看，实验经济学方法可以克服计量经济学方法在因果判断等方面的一些局限性。在哲学层面，实验经济学对“迪昂—奎因论题”（Duhem – Quine Thesis）做出了有力的回应。

第六章是对第五章工作的延续，我们将讨论实验方法的兴起对经济学未来的研究走向会产生何种影响。我们将证明，实验方法的发展不仅能够提高经济学的工程技术水平，而且可以为伦理学传统的复兴开辟出新的路径。以实验为基础，经济学家可以将工程学和伦理学结合在作为博弈规则的制度层面，从而实现从微观到宏观、从个体选择到集体绩效的有机连接。

最后是结论，我们将综合以上各章的分析，对“经济学能够成为硬科学吗”这一问题做出最终的判定，并从方法论含义和政策含义的视角略作总结。

第一章　经济学的价值维度及其方法论含义

按照研究方法的不同，经济学的研究向来被分为“实证”（Positive）和“规范”（Normal）两种类型。前者直面经验事实和客观数据，回答“是什么”和“怎么办”；后者则以价值因素为研究对象，讨论“应该如何”。基于哲学中的“休谟铡刀”的传统，实证经济学与规范经济学理应泾渭分明。但实际上，经济学的两种研究类型从未完全相互隔绝，近年来反而有越发交融的趋势。于是，我们不禁要问，两类不同性质的内容——科学主义的事实维度与人文倾向的价值维度——在经济学内部为何会呈现相互“缠结”的状态？这是否意味着经济学与自然科学在研究对象的性质上存在根本的不同？这种“缠结”的状态又具有何种方法论含义？

第一节　经济学的学科定位与价值维度

自牛顿的经典物理学被公认为标准的科学范式以来，以经济学为代表的社会科学诸学科都不同程度地患上了“物理学嫉妒症”。经济学家们尤其倾向于模仿经典物理学的研究方法，依据还原论理路构建起了具有普适性的模型。但是，追随自然科学的脚步并没有给经济学带来有说服力的回报。2008 年金融危机的教训证明了经济学在形式上的进步没能完全转化为认识和改造世界的能力，经济学研究已离经世济用的初心越发遥远。

之所以发生这种尴尬，是因为经济学家们对物理学研究方法的模仿达到了矫枉过正的程度，忽视了经济学的研究对象与自然科学的研究对象存在性质上的根本差别。

所有关于知识的研究，按照学科类型大体上可分为三大类：自然科学（Physical Science）、社会科学（Social Science）和人文学科（Humanity）。三大学科体系的定位见图1-1。

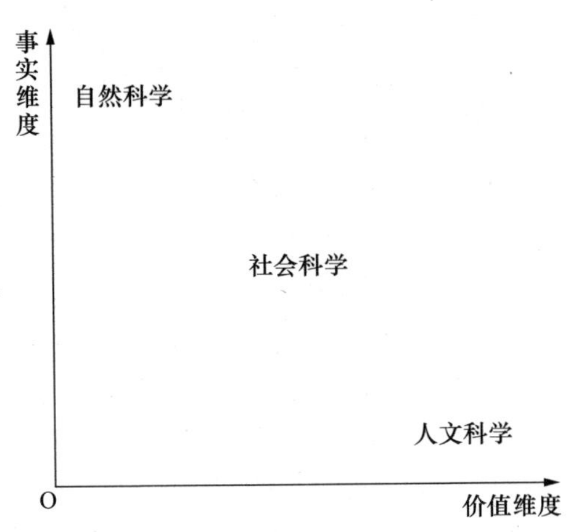

图1-1　三大学科与两大维度

这三大类知识范畴的研究对象是有实质区别的：一般说来，自然科学的研究重视其对象的事实属性，强调客观的物质维度；人文学科的研究对象掺和了创作者和/或解读者所投射的大量的规范含义（如对于文学作品或者历史文本的解读），其中充盈着个人的主观价值判断（文学作品往往是人文学者表达自身价值观的载体）。社会科学居于自然科学与人文学科之间。有些社会科学学科，如心理学，较为接近自然科学。现代心理学主要通过实验室实验或现场实验的方法获得数据，而实验传统上被认为是自然科学的专利。也有一些社会科学学科重视价值维度，如文化人类学（Cultural Anthropology）。研究者在这类学科中既使用田野调查等社会科学方法，又要大量涉及对文本、器物和习俗的文化价值的解读。也就是说，处于自然科学和人文学科之间，以经济学为代表的社会科学的研究对象往往兼具事实的维度和价值的维度。

在经济学中，价值有两种略有区别又相互联系的含义：第一种含义是指对事物重要性的定量评估（古典经济学的常见含义）；第二种含义是在该评估基础上所产生的对事物（如国民收入初次分配状况）的态度和好恶

（现代的新古典经济学的常见含义），此时价值具有道德意味（如对于国民收入再分配的态度）——所谓的“伦理价值”。我们可以把问题再回溯一步，追问是什么决定了一个人的价值判断。在鲁滨逊的世界中虽然也存在价值，但此时的价值判断只专注于事物本身的有用性，即仅存在第一含义的价值。一旦脱离了鲁滨逊的世界，价值也就超越了物的本体性的限制，升华成为一种交互性的意义式存在，开始产生第二种含义的价值。在人类社会演化的过程中，为了协调不断扩大的人际间交往的秩序，人类必须拥有一种关于货币、产权、道德等社会复杂现象的共识性认同，以形成关于交往对象的行为的稳定预期。当这种共识性认同以习俗、惯例、传统等为载体，逐步内化为属于该交往圈中的个人的生活准则后，其就有可能被确立为一个群体的特定文化及其蕴含的共享价值观。① 结果是，人际间的交往在自发的层面上创造了具有共享性的价值②维度，该维度反过来又决定了什么是合理的人类行动。用 1986 年诺贝尔经济学奖得主布坎南的话说，有效的约束很多时候不是外生的，价值观构成了对于“个体行为的内在或内生（Internal or Endogenous）的约束集合”，③ 我们的价值观决定了“我们会选择何种内在规则以约束我们的下一步的选择”。④ 例如，互惠的规范意味着人们应该通过交易而不是抢掠获利，从而构成了市场经济的道德基础。

---

① 共享价值观可以理解为我们在认识世界时所依仗的心智层面的共同模型（Common Model），我们跟外星人无法博弈、交易和沟通，就是因为彼此不具备认识世界的共同模型，彼此之间的价值不存在交集。

② 本书中对于“价值”的理解不同于韦伯（Max Webber）的“价值中立”（Value Free）概念（这个概念更早来自 David Hume）。“价值中立”意指学者在进行学术研究时应该采取客观中立的态度分析现象及其本质，而不能在学术分析时持有先验的价值判断。也就是说，“价值中立”指的是学术研究中的职业操守抑或方法论准则，而非对社会现象的本体论和/或认识论描述。并且，韦伯也认为“价值中立”只能是相对的，他用“价值关联”（Value Relevance）的概念（此概念受 Heinrich Rickert 的影响）来表达社会科学工作者的价值观对于他们的研究在选题方向和资料收集等方面的影响。

③④ James Buchanan，“Choosing What to Choose”，*Journal of Institutional and Theoretical Economics*，Vol. 150，No. 1，p. 125.

第二节　价值视野下经济学的方法论特殊性

一、还原论模型在经济学中的非适用性

在牛顿经典物理学的世界中，研究对象不具备自主性，从而顶多发生无机联系，故一切现象都是简单现象。于是，牛顿力学的研究对象可视为同质且彼此间不存在有机联系的单个独立原子。以此为前提，自然科学原则上可以使用还原论的方法来构建模型，把表象的事实形态还原为内在的事实形态，将一切现象追溯为更基本现象的集合。

还原论建模方式不仅在自然科学界流传甚广（如牛顿力学就把物理运动还原为不存在形状和体积的质点的运动），而且对社会科学界影响广泛。① 以社会科学中两个看似在方法论上南辕北辙的学科——经济学与社会学为例。斯密的“经济人”（Homo Economicus）和涂尔干（Emile Durkheim）的“社会人”（Homo Sociologicus）两条理路向来背道而驰，经济学的研究是从个人的角度来解释社会现象，而社会学的研究方法是从社会的角度来解释个人行为。对于某人的具体行为及其社会影响，经济学认为是个人按照自身利益最大化所做出的选择，而社会学则认为是社会的非正式规范（Norm）和/或正式规则（Rule）导致其如此行事。两条理路表面看来针锋相对，实质上却都是还原论的不同变种，经济学理路意味着社会结构在本体论上可还原为个人主体，社会学理路则暗示着另一种极端的还原论，即人的行动能够在本体论上被还原为首要的社会整体，个人则是没有异质性和独立头脑的玩偶。

将还原论理路运用于社会科学研究的直接效果是产生了所谓的普适性的模型。普适主义（Universalism）可以追溯到古希腊斯多葛学派的基本定

① 由于都使用了还原论的方法，现代的自然科学和社会科学可享有通用的建模程序：从一定的前提假设和辅助条件出发，经过因果链条的推导，得出结论，然后再以经验事实对模型结论加以检验。仅在这一层面上，自然科学与社会科学有统一的研究方法的观点是成立的。

律，即逻各斯（Logos）的观点。这一观点认为统一的逻各斯适用于全部的物理与社会的世界。还原论理路和普适性模型的实质是把人降格为可以随意操控的物，然后用研究物的方法来研究人。但是，这种理路忽略了物与人的区别。物的研究有可能获得或接近真理（Truth），而在关于人的研究中，很多问题的回答都必然具有相对主义的色彩。这从价值视角构成了经济学与自然科学在方法论上的一个重要区别。

具体而言，普适主义在社会科学中的成立有其方法论前提——我们需要假设不同的文化背景及其中的共享价值不会对人之行为产生任何影响，美国人、日本人、中国人思考和行动的模式完全一样，这种前提假设委实有悖于常识。有时候，在一些人身上发生的某些似乎非理性的行为，并不是源于这些人没有进行理性思考的生物能力，而是因为他们尚未充分理解所处的文化环境的价值标准——特定情境下的“理性”是按照这一价值标准来定义的。例如，初到异国他乡的人可能在人际相处时感到进退失据，直到其完全掌握了新的文化环境中的价值准则时，这种不适应感才会淡化。当然，对新的价值排序的适应性因人而异，很多人在异乡生活多年仍然在内心深处有他者的感觉。具体地，文化从价值维度对理性的规定往往表现为不同文化环境中“偏好序关系”的差异。于是我们很难相信，在价值维度这样一个重要的变量被消解之后，社会科学还能对人类社会的现象做出合理的解释和预测；而如果不能完全消解价值维度及其多元性的影响，模型的普适性就颇值得怀疑了。

可以证明我们观点的例子俯拾即是：每个人从《红楼梦》中都可以读出不同的感悟，其中的是非曲直可以争论，但却给不出一个最终的判定；到底吃不吃狗肉、是否赞同安乐死、要不要接受同性婚姻，人们对这类争议性问题做出选择时，各自的偏好都源于其所携带的文化基因中的价值判断。就是说，当不同文化背景中的个体做出不同的选择时，显然是因为不同的文化孕育出了有别的价值观，其塑造了该文化圈中的个人在面对各种选择时的特定偏好。于是，从跨文化的背景看，如果我们承认不同文化圈的个体之间存在偏好差异性，在建模时就需要向上朝着宏观文化层面溯源，而无法向下追溯还原论所要求的深层基础。对作为一门关于选择的学科的经济学来说，由于个人偏好决定个人选择，不可还原的偏好及其背后所代表的价值维度的影响，是无法回避的主题。

价值维度的存在不仅意味着基于还原论模型的普适主义野心是极成问

题的，而且也意味着抛下了价值因素的还原论模型只具备有限的解释力。这是从价值视角看的经济学方法论与自然科学方法论的另一个重要区别。

不同的文化塑造了遵循各种局部的共享价值观的人，从而构成了在特定的文化环境中才能理解的社会现象。于是，基于还原论的普适主义模型的弱点是明显的，其无法深入到各类真实现象的本质层面，只能把各种重要但是无法处理的变量消掉，从而编织出机械式的因果链条。对于分析社会科学中的复杂现象，机械式的因果解释是不够的，因为其只能揭示浅层的近因，无法触及深层的远因。比如对于解释金融危机，我们可以说是由于贪婪，华尔街金融家们进行了过度的信贷创造和金融杠杆化。这是表面上的原因，对于事实的维度来说，给出这种解释就可以满意了。但是，当我们考虑价值的维度时，我们就会问，华尔街的贪婪是什么原因造成的，是否与资本主义生产方式的根本矛盾有关，或者是否显露了人性阴暗的一面。这是深层的原因，是社会科学家应该思考的，否则就变成了为了解释而解释的“庸俗”的学问。

二、在经济学中引入价值维度的哲学依据

经济学界长久以来重视事实的维度而忽视价值的维度，其病名是“物理学嫉妒症”，病根却是在哲学观上的抱残守缺，即固守与牛顿经典物理学相适应的旧式的科学主义的世界观。实际上，20 世纪哲学思考方式从先验逻辑向日常生活的回归，可以给当今的社会科学家们重要的启示——社会科学应该关注人的生活世界（Life World）和生活形式（Leben Form）。价值维度优先于事实维度，其哲学基础在于生活世界优先于科学世界。

所谓生活世界是一个现象学的概念，通常指的是前科学的人之存在的领域。在现象学之父胡塞尔（Edmund Husserl）看来，近代自然科学所标榜的研究对象的客观性（Objectivities），其实质无非是在生活世界的外表上覆盖一件科学主义的外衣。自然科学所研究的不是客观的实在，而是形式化的理想形（Formalistic Idealizations）。经济学也是如此，个人主义的“理性原则”、“同质”、“稳定偏好”等概念，不过都是罩在现实体验所构成的生活世界的表层上的一种伪装。

胡塞尔认为，与客观性和还原论所构成的科学世界相比，生活世界应该具有优先性。因为，在生活世界中，个人与社会的母体通过各种主体间关系的纽带紧密相连，这是一个能够体现人的自由意志和能动性的世界，

是一个保留了价值空间和意义维度的世界。科学世界看待周遭的眼光则是扭曲的，它选择性地抽取了生活世界的一部分打扮成实证科学的样貌，却在自己的世界中消灭了人的复杂性，从而遗忘了去“探问整个人生有无意义”。① 反之，在生活世界中，价值维度是第一性的，并且，生活世界中的价值维度，不是孤立的个人化的构造，而是主体间交互作用的产物。生活世界“是一个交互主体性的世界，是为每个人在此存在着的世界”，② 在这样一个世界中充盈着主体间性的意义，用社会学家米德（Georeg Mead）的话说：“意义……来自个体在看待某一对象时模拟性地采取他人态度的体验。意义在被显示给他人的同时，也以相同的程序正在被显示给自己。”③

无独有偶，在胡塞尔关注生活世界中的价值维度的同时，另一位伟大的哲学家维特根斯坦（Ludwig Wittgenstein）也开始了自己的思想转向——从逻辑语言到日常语言。早年的维特根斯坦持有的是语言可以“镜像反映”（Mirroring）世界的观点，认为可以通过构造一组逻辑的公理性命题来一一对应地描述一个理性的世界。到了晚年，虽然仍然坚持“哲学是语言的批判”，但是，维特根斯坦的哲学语言不再是逻辑语言，而是回归日常的生活化语言。维特根斯坦用语言游戏（Language Games）的隐喻代替了逻辑图画说，认为语言的意义在于能否按照统一的逻辑镜像地反映世界是一个伪问题，重要的是语言在不同语境下的具体用法。在一个理性祛魅后的真实的世界中，展现在我们眼前的是各色各样的特异化的语言游戏，这才是语言的本质和哲学应有的关注。在经历这一转型后，维特根斯坦给出了一个新的哲学概念——“生活形式”（Form of Life），这一概念与胡塞尔的“生活世界”概念有基本相同的内涵。“生活形式”概念的提出意味着维特根斯坦开始关注社会生活中通过语言来传达的意义的来源问题。只有在多样化的真实的生活形式之中，在真实的人际语言交往之中，语言的本质意义才能够得到认识，不同的生活语言的背后是不同的生活形式。由于语言和其游戏显然是一个主体间的活动，所以，语言中所表达的意义实质是一种在复杂的社会网络中所涌现出的主体间意义。

受胡塞尔和维特根斯坦等哲学家所倡导的哲学向生活世界和日常经验

---

① ［德］埃德蒙德·胡塞尔：《欧洲科学的危机和超越现象学》，张庆熊译，上海译文出版社 1988 年版，第 6 页。

② ［德］埃德蒙德·胡塞尔：《生活世界现象学》，倪梁康等译，上海译文出版社 2002 年版，第 153 页。

③ George Mead, *Mind*, *Self and Society*, Chicago: Chicago University Press, 1934, p. 89.

回归的思潮的影响，“二战”后的科学哲学家们（如库恩（Thomas Kuhn）和费耶阿本德（Paul Feyerabend）等）的工作已经开始强调研究方法的历史性和多元化，牛顿经典物理学所提倡的还原加实证的方式早已不是唯一的标准。遗憾的是，社会科学家，尤其是经济学家的“物理学嫉妒症”病况之沉疴，已经到了闭目塞听的程度，对哲学的新发展视而不见。经济学家们自以为有能力并且似乎很乐于把自己打扮成牛顿式的科学家，一面有意无意地误导人们相信自己可以做出精确的预测，一面享受着大众因此而投来的钦佩目光。不过，方法论上的故步自封也让高傲的经济学家们吃了苦头，在预测和应对2008年金融危机中的力有不逮，使得所有人都认识到这是个没穿衣服的国王。

三、价值维度与经济学解释力

由于任何经济现象都具有事实和价值两种维度，而且两者不可分割，所以，引入价值（意识形态）维度的模型比只考虑事实（利益）维度的模型有更强的理论解释力。我们可以用中国农村的家庭联产承包责任制的改革来说明这一问题。

新古典经济学的奠基人马歇尔（Alfred Marshall）曾经指出，“世界历史的两大构成力量，就是宗教和经济的力量”。[①] 如果我们对马歇尔的说法加以广义理解的话，那么第一种力量相当于价值或者认知的维度，如精神鼓动、宗教信仰或意识形态宣传；后一种力量相当于事实或者物质利益的维度，关乎客观现象和个人利益。与马歇尔的二分法异曲同工的是，科斯（Ronarld Coase）也区分了制度的两种不同功能：第一种功能是作为“实用工具”，即“为我们的利益服务的一种工具”；第二种功能是作为“身份的标志”，以便“告诉他人我们是谁，我们的价值观如何”。[②] 以马歇尔和科斯的理论对照中国的改革开放，尤其是农村的初期改革，我们可以发现，决定农村土地制度改革成败的力量确实无外乎价值（认知）因素和事实（利益）因素。

教条化的意识形态和狭隘的经济利益可能会成为阻碍符合最广大群众根本利益的改革的负面力量。追思历史往事，农村社会主义改造完成

① ［英］阿尔弗雷德·马歇尔：《经济学原理（上卷）》，朱志泰译，商务印书馆1964年版，第23页。

② ［英］罗纳德·科斯、王宁：《变革中国》，徐尧、李哲民译，中信出版社2013年版，第134页。

（1956 年）之后，最早的家庭联产承包责任制（早期称为包产到户）的改革并不是发生在 1978 年，而是发生在三年自然灾害最严重的 1961 年。此次否定农业集体化的改革由邓子恢（时任国务院副总理）负责。但这次农业改革的时间极为短暂，且只是被最高领袖当作了应急性的举措，当 1962 年 8 月北戴河会议召开时，最高领袖就斥责包产到户是“复辟资本主义的黑暗风”。[①] 之所以很多人对包产到户极为反感，原因是双重的：第一，包产到户在当时被认为与社会主义是不相符的，从而产生了意识形态的冲突。从列宁以降，俄式的正统社会主义理论就认为，集体生产比家庭生产在效率上高得多，且这一高效率是社会主义优越性在农业领域的集中体现。所以，维护生产方式上的农业集体化与维护社会主义根本制度在意识形态上是互为表里的。第二，农业支援工业在当时是实现社会主义工业化的必需，从而产生了经济利益上的矛盾。新中国成立之初的工业基础非常薄弱，而建成大而全的工业体系在当时是国家强盛的标志。为了发展工业，就必须通过工农业产品的剪刀差将第一产业中的剩余价值转移到第二产业中去。于是，农产品的价格被以行政手段故意压低，如果按照自愿交易原则，政府很难以公定价格从农民那里获得充足的粮食。所以，陈云等当时主抓经济工作的领导们认识到，必须采取强有力的手段将农民手中的余粮集中由政府掌握，否则的话工业化就是镜中花水中月。[②] 为实现这一目标，农业集体化可能是当时最为可行的办法。

解放思想、实事求是的意识形态和有远见的经济利益取向可以构成推动改革成功的正面力量。1978 年之后，家庭联产承包责任制的改革之所以能够先在安徽和四川，进而在全国的层面上取得成功，与当时在价值层面和事实层面的有利条件是分不开的。第一，从意识形态的层面看，经过了三年自然灾害的教训与“文革”的浩劫，多数领导者已经不得不对俄式的正统计划经济模式加以反思，对农业生产集体化的高效性的迷信实际上已经所剩无几了。1978 年的真理标准问题大讨论进一步打破了干部群众的思想禁锢，很多党政高层领导在 1978 年后的出访发达国家的经历也是一笔宝贵的思想财富。虽然教条主义和保守思想仍然不时会有所反弹，但“实践是检验真理的唯一标准”已经确立了其在意识形态领域的正统性。第二，

① 吴敬琏：《当代中国经济改革教程》，上海远东出版社 2010 年版，第 101 页。
② 吴敬琏：《当代中国经济改革教程》，上海远东出版社 2010 年版，第 85 页。

经过“十年浩劫”对生产的严重破坏，国民经济已经到了崩溃的边缘，领导者们业已认识到“贫穷不是社会主义”，执政为民的关键在于改善民生。而当时改善民生的重点，则是要解决广大农民的温饱问题。农业集体化的多年实践证明，“大呼隆”的生产方式只会破坏而不能提高农业生产率。从长远看，农业发展水平上不去对工业也没有好处。

所以，在20世纪七八十年代之交，由于在价值层面和事实层面都已经积累了充分的有利条件，当时的各级政府间达成了一种心照不宣的默契：中央政府将经济管理权力下放，地方政府则默许甚或鼓励农民们自己进行各种农业改革的实验。如果“包产到户”、“分田单干”真能提高生产效率，也就不妨一试。作为最终的裁判员，中央政府以实践作为检验真理的唯一标准，让事实说话，以家庭联产承包责任制的突出成绩为下一步的改革开路。农业改革的上下（中央政府、地方政府、农民三个层级）互动的逻辑正如科斯所说：“农民和国家，前者拥有系统的地方知识和经验，后者则是唯一有权将一纸自愿协议转化为社会制度的合法机构，二者相结合最终成就了制度变迁。”①

所以，任何一个理论模型，如果忽略了价值维度和事实维度之间的任何一维，那么就可能是一种不全面的模型，其对经济现象提供的解释也很可能是偏颇的。把价值和事实结合在一起才能增强经济学的解释力。

四、事实与价值的“缠结”的哲学含义

为了便于在经济学中（尤其是从福利经济学②的角度）理解和应用价值

---

① ［英］罗纳德·科斯、王宁：《变革中国》，徐尧、李哲民译，中信出版社2013年版，第78页。

② 福利经济学家在20世纪30年代接受了莱昂内尔·罗宾斯的批评，并主动将自己的研究引向了帕累托原则或潜在帕累托原则。此后，目的也即价值判断问题不再成为主流经济学讨论的对象。但是，很多经济学家（如阿马蒂亚·森）认为教条地坚持事实/价值二分法（Fact/Value Dichotomy）并不是福利经济学发展的合理方向。第一，经济学是政策科学，福利经济学更是直接关注国计民生，在政策领域，目的也即价值问题必须在手段也即工具问题之前解决。第二，新福利经济学的帕累托原则本身既不是一个万能的福利判断标准，也不是一个价值中立的原则。从帕累托原则的无效性上看，几乎所有人都承认“二战”以盟国胜利告终是人类历史上最大的好事之一，但这件好事却不符合帕累托改进的原则——德意日法西斯头子们的末日到了。从帕累托原则的非中立性上看，如果我们把帕累托原则视为所有人都有同等的权利维护自身的既得利益，那么帕累托原则显然不是一个无价值判断的原则。第三，经济学在起源上存在伦理学和经济学两种不同的研究传统，而事实与价值的二分的背后含义是经济学家只应该研究有可测量的经验含义的经济现象。

维度，当代美国实用主义哲学的代表普特南（Hilary Putnam）将价值维度的影响处理为了一个更容易操作的概念——事实与价值的“缠结”（Entanglement）。[①] 普特南认为，价值可以区分为认知价值和伦理价值。事实与认知价值的“缠结”更多地属于科学认识论的领域，争议较小。事实与伦理价值的“缠结”较为容易引起争议，但是对于理解经济学的学科性质来说也更为重要。一方面，很多价值概念属于“厚（Thick）伦理概念”——如“残酷”、“矫情”、“冷漠”、“热情”，其本身就附带着事实描述，我们在看到和听到这些价值词汇后可以通过常识想象到对应的事实情境。另一方面，很多看似客观的事实描述却隐含着价值判断的味道。假设我们说，今年的GDP增长速度比去年下降了5%。此时，我们会有何种价值判断，难道我们不会立即联想到今年的经济形势很“坏”[②]（一个明显的价值判断性质的词汇）吗？

以1998年诺贝尔经济学奖获得者、哈佛大学的哲学系教授阿马蒂亚·森（Amartya Sen）的福利经济学[③]为正面例证，普特南指出，只在极少数的情况下，事实与价值是能够被完全隔断的。比如说，让所有人的收入水平都提高，这在价值判断上似乎肯定是件好事。但是，如果给出更详细的事

① 经济学中的“缠结”一词实际上借用自物理学中的“量子缠结”（Quantum Entanglement）概念。“量子缠结”指的是粒子之间存在超远距离的相互影响：当两个粒子之间形成缠结时，其中一个粒子状态的改变会导致另一个粒子的状态也发生改变，即使两者之间相距十分遥远——粒子间的信息传递超过光速。爱因斯坦（Albert Einstein）不认为存在这种超距作用和由此导致的不确定性，指责“量子缠结”是“鬼魅般的超距作用”（Spooky Action at a Distance）。哥本哈根学派掌门人波尔（Niels Bohr）反驳了爱因斯坦的“上帝不掷骰子”的观点，称“别去指挥上帝该怎样做”。针对是否存在“量子缠结”，爱因斯坦和波尔在1927年的第五次和1930年的第六次索尔维会议上发生了著名的辩论，爱因斯坦无法在纯逻辑的层面驳倒波尔，从而使得“缠结”的存在性成为实验物理学的焦点。近代以来的物理学实验越发支持波尔的猜想，即存在“量子缠结”。

② 普特南把“好”、“坏”、“正义”这类与可联想的事实描述联系不是特别紧密的价值词汇称为“薄（Thin）伦理概念”。

③ 经济学数学化的大师中的大师萨缪尔森（Paul Samuelson）在其博士论文中指出，“检查各种价值判断的结果是经济分析正统的传统做法”，不能因为罗宾斯（Lionel Robbins）提出科学的经济学不应包含伦理的价值判断“就断定经济学中不能容纳称作‘福利经济学’的内容”。虽然说，“应当公平地指出，在福利经济学标题下所阐明的定理，并不是技术上有意义的命题或假说，因为这些定理表示的是从假定中演绎出来的含义，而就现实而论，这些假定本身并不是富有意义的可驳斥的假说”。（参见［美］保罗·萨缪尔森：《经济分析基础（增补版）》，何耀等译，东北财经大学出版社2006年版，第130页）。不过，就算“福利经济学并不认为要演绎出一种切实的信念，但是，福利经济学能够合理地指出不同伦理命题的含义”。（参见［美］保罗·萨缪尔森：《经济分析基础（增补版）》，何耀等译，东北财经大学出版社2006年版，第144页）。

实信息——所有人的收入提高是以限制一部分人的自由为交换的（如所谓的低人权竞争优势），前面的价值判断还能保证必然成立吗？这种特定情境下的个人化价值判断只能通过考察特定背景下人们的基本和非基本价值观的冲突来回答。换句话说，除非一种价值判断可以适用于我们能够想象的任何情境，否则该价值判断就不属于“基本价值判断”（Basic Value Judgements）。[①] 于是，事实与价值的“缠结”只是一种简略的说法，其背后隐含着对更广泛维度的事实信息和价值多样性的重视以及对教条式的实证主义的反对。投桃报李，森对普特南的论点也给出了非常积极的肯定回应，认为普特南的贡献夯实了基于能力方法（Capability Approach）的福利经济学的哲学基础。并且，森把事实与价值的双向“缠结”拓展为事实、价值与习俗的三方“缠结”。简单来说，习俗是连接事实和价值的中介，人们在“有助于交流沟通的习俗”（Conventions of Communication）的指引下，常常可以从经验性的事实描述中得出包含伦理价值判断的结论。例如，当我们询问他人明日的天气好坏时，若对方回答“明天会有台风”（描述性事实），那么我们通过作为共同知识的习俗可以判断，对方的意思是说明天是个坏天气（伦理价值判断）。我们通常不需要再追问为什么刮台风就是坏天气，否则就有不顾常识而强词夺理之嫌了。[②]

---

① 对“基本价值判断”的上述定义源于森。参见［印］阿马蒂亚·森：《集体选择与社会福利》，胡的的、胡毓达译，上海科学技术出版社2004年版，第65页。此外，黄有光给出过一个几乎等价的定义：“如果一个价值判断不是从其他价值判断衍生出来的，某人相信它是因为它本身的伦理诉求，我们就认为这一价值判断对此人来说是基本价值判断。”参见［澳］黄有光：《福祉经济学——一个趋于更全面分析的尝试》，张清津译，东北财经大学出版社2005年版，第14页。

② 严格的逻辑实证主义者是不会同意我们的论证的，按照他们的三分法，掺入了价值因素的命题属于没有意义的命题。逻辑实证主义者的主要思想来源之一是维特根斯坦的早期作品《逻辑哲学论》。有趣的是，维特根斯坦在后期彻底转变了自己的观点，开始关注语言中的共享知识以及语言的可理解性背后的社会传统习俗，并把自己哲学思想的转变集结成《哲学研究》一书。维特根斯坦在其晚年的代表作《哲学研究》的序言中指出，这一转变很大程度上要归功于剑桥大学经济学家斯拉法（Piero Sraffa）教给了他一种看待哲学问题的“人类学方式”（Anthropological Way）。而斯拉法的观点又来自曾经被长期囚禁于墨索里尼监狱中的意大利共产党领袖葛兰西（Antonio Gramsci），斯拉法实际上是葛兰西在监狱内写作《狱中笔记》时的联络人。参见汪丁丁：《经济学思想史进阶讲义——逻辑与历史的冲突和统一》，上海人民出版社2015年版，第110－113页。

第三节 对事实与价值的“缠结”的福利经济学论证

一、分配与社会福利的简单模型

除了可以从常识角度用真实世界的经验事实来确证事实与价值的相互“缠结”的客观存在外，我们还可以用一个福利经济学中的标准模型来说明事实与价值的“缠结”具有逻辑上的必然性。

假设我们处于一个由个人1（穷人甲）和个人2（富人乙）组成的两人世界中。U_1 代表甲的效用，U_2 代表乙的效用，个人效用是且仅是私人收入水平 Y 的函数，而社会福利 W 是个人效用的函数，即 $W = f(U_1(Y_1), U_2(Y_2))$。当个人收入发生了边际上的一单位的变化时，社会福利的变量为 $\Delta W = (\Delta W/\Delta U_i)(\Delta U_i/\Delta Y_i)\Delta Y_i$。于是必然有社会效用可能性前沿 U_1U_2，其代表在完全竞争状态（即帕累托最优条件）下甲和乙能达到的最高效用水平的组合的轨迹；以及有一般化的柏格森—萨缪尔森社会福利函数在二维空间上的轨迹 W_1、W_2 和 W_3。U_1U_2 上的点 A 代表该社会的初次分配下的效用分布状况，显然，其说明市场竞争可能意味着极为不平等的初次分配结果。

由图 1－2 可知，社会福利在 U_1U_2 上的 B 点实现最大化，B 点（即 U_1U_2 与 W_1 的切点）因此被称为“极善点”（Bliss Point）。“极善点”所要求的条件是所有人的收入的“社会边际效用”相等。个人的“社会边际效用”等于个人的“社会福利权重”（$\Delta W/\Delta U_i$）与个人的“收入边际效用”（$\Delta U_i/\Delta Y_i$）的乘积，即 $SMU_i = \Delta W/\Delta Y_i = (\Delta W/\Delta U_i)(\Delta U_i/\Delta Y_i)$。所有人的收入的“社会边际效用”相等被称为“人际公平条件”（Interpersonal Equity Condition），其与帕累托最优条件一起构成了社会福利达到“极善点”

的必要条件，后者保证经济运行在社会效用可能性前沿上。[①] 由于 W_2 低于 W_1，既有的分配状况 A 显然与社会福利最大化不一致，这在公共政策上意味着需要通过政府进行人际间的收入再分配。

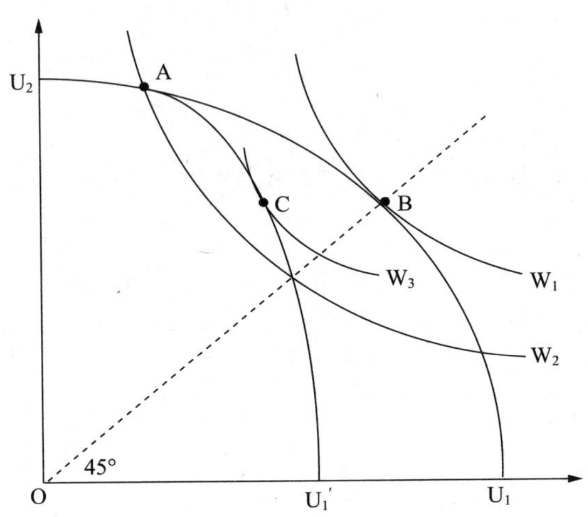

图 1 - 2　分配与社会福利

① 完全竞争环境下的帕累托最优条件实际上也隐含着强烈的价值判断性质的假设——不允许个体存在利他的慈善偏好。我们下面用一个简单的模型来说明这一问题。假设经济系统中有两种产品 F（食物）和 X（其他商品），且 X 的价格 P_X 为 1（我们这样设定是为了让 X 充当参照物商品，而之所以可以这样假设，是因为经济学中只有相对价格才影响人们的选择）。社会中只有两个人，穷人（个人 1）和富人（个人 2）。穷人的效用函数为 $U_1 = f(X_1, F_1)$，即穷人只通过消费两种产品得到效用。富人的效用函数为 $U_2 = f(X_2, F_2, F_1)$，也就是说，富人不仅通过自己消费两种产品得到效用，而且富人具有慈善偏好，故穷人的食品消费 F_1 的增加同样会给富人带来满足感（可视为一种消费的正外部性）。设 F 和 X 都是在完全竞争市场中生产出来的，那么 F 和 X 的价格之比等于边际成本之比即等于 P_F（我们已经假设 $P_X = 1$）。如果不存在外部性，F 和 X 的消费和生产的帕累托最优条件是：$MRS^1_{F_1,X_1} = MRS^2_{F_2,X_2} = MRT_{F,X} = P_F$（公式 1）。现在我们考虑富人具有慈善偏好，即穷人的消费会给富人带来正外部性的情况。穷人需要同时考虑两个边际条件：一个是完全自利情况下的 $MRS^1_{F_1,X_1}$（穷人愿意用多少单位 X 交换一单位 F）；另一个是 $MRS^2_{F_1,X_2}$（富人愿意捐献多少单位 X 以使穷人多消费一单位 F）。所以对于穷人来说，在存在消费的正外部性时的帕累托最优条件为 $MRS^1_{F_1,X_1} + MRS^2_{F_1,X_2} = MRT_{F,X} = P_F$（公式 2）。由于 $MRS^2_{F_1,X_2} > 0$，故公式 2 中的 $MRS^1_{F_1,X_1}$ 必然小于 $MRS^2_{F_2,X_2}$，这与公式 1 的条件不符。所以，利他的慈善偏好的存在与作为完全竞争之结果的帕累托最优的资源配置存在内在冲突。或者换句话说，在存在利他的慈善偏好时，完全竞争市场无法实现帕累托最优状态。

二、分配模型中的价值维度

到此为止，我们所讨论的似乎都是纯数学性的逻辑问题，可归之于逻辑实证主义的所谓“分析判断”。进一步地，当我们引入关于初始禀赋和技术水平的信息后，帕累托最优条件可以进阶为“综合判断”[①]，即经济运行是否达到了社会效用可能性前沿[②]是可以通过经验检验来证伪的。当实际发生再分配时，会由于“奥肯漏损”（Okun's Leaky Bucket）[③] 而出现次优的效用可能性前沿（Second - best Utility Possibilities Frontier），这也可以推导出需要经验检验的命题，即漏损有多大，$U_1'U_2$ 上的“极善点”C 所代表的福利水平 W_3 是否远低于 U_1U_2 上的“极善点”B 所代表的社会福利水平 W_1，进而 W_3 是否高于 A 点所代表的初次分配状态下的社会福利水平 W_2。

然而，一旦我们想要找到“极善点”（由此才能在公共政策领域确立社会再分配的目标），事实与价值的“缠结”就会显现。“人际公平条件”的内涵取决于个人的“社会福利权重”[④]，而恰恰是在“社会福利权重”问题上，不同学派的经济学家和政治哲学家持有大相径庭的价值观。古典功利主义者主张相等权重，纳什（John Nash）和罗尔斯（John Rawls）主张穷人占更大权重，尼采（Friedrich Nietzsche）则肯定会主张赋予富人（强人）最高权重。确定不同个体的“社会福利权重”是一个重要的价值判断问题，

---

① 逻辑实证主义者认为除了“分析判断”和“综合判断”这两种有意义的判断外，还存在无任何意义的判断，如形而上学的哲学讨论和在伦理层面的价值观争论。

② 图 1 - 2 中社会效用可能性前沿 U_1U_2 曲线是一条外凸的呈平滑状的曲线（沿着曲线向下移动时，其斜率的绝对值不断增大）。这种曲线背后的含义是甲和乙之间的个人效用的边际转换率递减，即甲的总效用越大，新增加甲的一单位效用所要放弃的乙的效用就越多。边际转换率递减的假设实际上更适用于在生产领域描述生产可能性曲线，由于人际间的效用不可比，我们没有理由在社会效用领域做出此种假设。因此，社会效用可能性曲线的更严格的形状应该是波浪状而非平滑状。参见［美］哈维·罗森、特德·盖亚：《财政学（第十版）》，郭庆旺译，中国人民大学出版社 2015 年版，第 37 页。

③ “奥肯漏损”分为三种类型：“无谓损失”（Deadweight Loss）——针对商品和服务的扭曲的税收和转移支付所造成的市场损失（人头税性质的一次性总赋税（如对年龄征税）不会造成“无谓损失”）。“行政成本”（Administrative Costs）——政府管理各种税收和转移支付项目时的花费。“遵从成本”（Compliance Costs）——纳税人和接受补助者在经历税收和转移支付的过程中所需要耗费的时间、精力和金钱。

④ 萨缪尔森称之为“伦理权数”。参见［美］保罗·萨缪尔森：《经济分析基础（增补版）》，何耀等译，东北财经大学出版社 2006 年版，增补版导言第 6 页。

受洛克（John Locker）和康德（Immanuel Kant）等启蒙思想家影响者会赋予每一个人相等的权重，而纳粹之类的种族主义者会给歧视性地区划分每个人的权重。实际上，明确规定人人生而自由平等（典型的启蒙时代的普遍主义思想）的美国宪法同时允许奴隶制的存在,[①] 并制定了所谓“以五当三”（Three - fifths）规则——13 个州的众议院议席与各州的人口数成正比，但五个奴隶仅相当于三个自由人（该规定直到内战结束后的 1868 年的第十四号宪法修正案中才被废止）。[②] 这是典型的歧视性的“社会福利权重”规定，一类人的福利权重是另一类人的 3/5。

即使我们假设每个人的“社会福利权重”相等，在收入再分配等公共政策焦点领域我们仍然无法摆脱价值判断。再分配领域中事实与价值的“缠结”集中表现在阿特金森（Anthony Atkinson）所构建的嵌入了“不平等厌恶”（Inequality Aversion）的社会福利函数[③]之上。[④] 阿特金森假设个人的效用函数为 $U_i = \frac{1}{1-e}Y_i^{1-e}$，$e \in [0, \infty]$。其中，e 刻画社会的不平等厌恶程度，e 越大，则厌恶程度越高。阿特金森社会福利函数的优点之一是其有足够的弹性，可以容纳任何关于收入分配平等的态度。$e = 0$ 代表古典功利主义，完全不考虑平等问题；$e = \infty$ 表示罗尔斯式的平均主义，即对不平等的最大程度的厌恶；e 的其他取值则可代表两个极端之间的任何态度。个人收入的边际效用为 $MU_i = \frac{dU_i}{dY_i} = Y_i^{-e} = \left(\frac{1}{Y_i}\right)^e$，两个人的边际效用比为 $\frac{MU_1}{MU_2} = \left(\frac{Y_2}{Y_1}\right)^e$。

当 $e = 0$ 时，$U_i = Y_i$。此时，对于功利主义的加法社会福利函数，即 $W = U_1 + U_2$ 来说,[⑤] 收入再分配不可能带来任何一定社会福利的提高（边

---

① 为了回避“奴隶制”与宪法精神的冲突，美国宪法中避免出现“奴隶”一词，而以“全部他者”（All Other Peoples）来指称。

② 1870 年的第十五号宪法修正案才赋予美国黑人投票权。

③ 萨缪尔森认为社会福利函数本身就是“表征某种道德信念的”。参见［美］保罗·萨缪尔森：《经济分析基础（增补版）》，何耀等译，东北财经大学出版社 2006 年版，第 130 页。

④ 阿特金森的社会福利函数有三大假设：边际社会福利权重相等，相同的偏好，收入的边际效用递减。

⑤ 严格地说，由于该社会福利函数是线性的，图 1 - 2 中 W 的形状应该为直线；又由于每个人的效用在社会福利函数中的权重是相等的单位权重，W 呈现向右下方倾斜 45°。

际效用比等于1，即无论收入如何分配，两个人的边际效用都相等）。换句话说，当社会不存在不平等厌恶时，功利主义的社会福利函数不主张任何哪怕最低程度的收入再分配。反之，当 $e=\infty$ 时，只要 Y_2（富人的收入）略高于 Y_1（穷人的收入），边际效用比也会无穷大（穷人的收入边际效用远大于富人的收入边际效用），故只有以完全平等为目标的再分配才会让富人和穷人的边际效用比趋近于1。实际上，当 $Y_2>Y_1$ 时，只要 $e\neq0$，社会福利最大化都意味着会发生收入再分配（因为 $MU_1>MU_2$）。如果没有"奥肯漏损"，人际间的收入边际效用应该相等，又由于阿特金森假设每个人的偏好同质和边际效用递减，故收入的最终分配应该均等化（这在几何上表示为B点位于从原点O出发的45°线上）。①

不平等厌恶系数e的取值表面上看起来应该是个实然问题，然而，谁来决定它的大小呢？部分经济学家认为可以交给集体选择过程来决定。但当我们诉诸集体选择时，我们会发现自己遭遇了新的价值判断问题，集体选择中的一个重要的价值问题是如何分配投票权重——到底应该每个人都拥有相等的投票权还是说"作为较聪明或较有道德的人，有权主张其意见具有较大的分量"②。即使我们暂时不考虑这一新的价值判断困难，按照当今

① 我们从图1-2可以看到，考虑了"奥肯漏损"后的"极善点"C点并不与B点在同一条45°线上。我们可以通过再分配的边际收益和边际成本的权衡来解释这一现象。把1单位Y从富人手中转移到穷人手中的边际成本就是富人下降的边际效用 MU_2^Y（以Y为横轴，U为纵轴，则表示为一条向右上方倾斜的曲线，意味着收入转移带来越来越高的边际效用损失）；富人是被包括在社会福利函数中的，所以富人边际效用的下降就是社会福利的下降（社会福利的边际成本）。相反，把1单位Y从富人手中转移到穷人手中的边际收益就是穷人增加的边际效用 MU_1^Y（以Y为横轴，U为纵轴，则表示为一条向右下方倾斜的曲线，意味着收入转移带来越来越低的边际效用收益）；穷人也被包括在社会福利函数中，故 MU_1^Y 代表社会福利的边际收益。在无"奥肯漏损"的情况下，收入再分配应该在 $MU_1^Y=MU_2^Y$ 时达到最优终止点，即"极善点"B。在更现实的情境下，我们设"奥肯漏损"所代表的效率损失为 MC_O。此时，再分配应该在 $MU_1^Y=MU_2^Y+MC_O$ 时达到最优终止点，即"极善点"C。由于 $MC_O>0$，在最优分配状态下必有 $MU_2^Y<MU_1^Y$。如果遵循阿特金森的每个人偏好相同的假设，则在最优状态下肯定会有 $Y_2>Y_1$。这就意味着，由于存在"奥肯漏损"（为再分配而征税和转移支付时会产生效率损失），故仍然应该保持一定水平的收入不平等。如果社会的不平等厌恶程度一定，则"奥肯漏损"越大，社会应该容忍的不平等程度就越高。

② ［英］J.S.密尔：《代议制政府》，汪瑄译，商务印书馆1997年版，第135页。

任何一个民主社会的政治惯例采用一人一票的集体选择机制,[①] 我们仍然无法通过将（选票所表达的）有限的个人偏好信息[②]加总来获得关于不平等厌恶系数 e 的答案。阿罗不可能定理（Arrow's Impossibility Theorem）早已证明，在一个多重且皆合理的价值观共存（可理解为偏好的无限制定义域）的社会中，若要满足一些基本的公理，则任何民主程序都无法得出逻辑自洽的集体偏好。[③] 于是，经济学家们不得不以“专家”的身份充当价值观冲突的仲裁者的角色，虽然这与经济学家的专业领域毫不相干。“对于经济学家而言，在政策形成中确实存在一个实证的角色，他的任务是诊断社会情境和向正在进行选择的个人提出政策变化的可能性的集合”,[④] 但这绝不意味着经济学家可以冒充专家的身份来掩饰事实与价值的“缠结”，经济学家应该直接把嵌入价值因素的事实作为研究对象，而不是假装根本不存在价值因素。

---

① 当今世界视为理所当然的（包括工人阶级和妇女在内）每个人（成年人）都拥有等额投票权（普遍性）和每个人的每张选票的影响力相等（平等性），实际上是在缓和阶级间矛盾冲突的过程中社会不断演化的结果，很多近代的赞同民主的思想家实际上并不同意这种制度安排。一代经济学宗师密尔（John Mill）在 1861 年出版的《代议制政府》中提出：应该给从事高级职业者、受过高等教育者和有较多财富者两票甚或两票以上的复数投票权，因为他们的践行民主的素质更高或为公共财政做出了更大贡献，故更有可能摆脱狭隘阶级利益的桎梏（这里显现了典型的“精英主义”色彩）。密尔这一设计是为了防止当多数者阶级的民主素质和智力偏低时，可能出现“多数人的暴政”。于是相对应地，根据优越条件给予复数投票权的边界是享有特权者或其所属的阶级不至于能够压制社会中的其他人，即也要防止“少数人的暴政”。作为 19 世纪中叶功利主义和自由主义最重要的代表人物，以及普遍选举权最重要的支持者之一，密尔努力整合功利、选举和自由的关系。密尔肯定地认为他的投票机制设计是有利于社会福利最大化的。同时，密尔对复数投票权的边界的设定以不侵犯他人的权利为限度；这实际上是根据密尔的自由观念加以规定的。对于密尔来说，（政治）自由的边界是不侵犯他人的同等自由。

② 之所以选票所能表达的个人偏好信息是有限的，是因为相等权重的选票无法表达个人在公共问题上的偏好强度，这实乃平等化的投票机制所必然要付出的代价。

③ 虽然说阿罗（Kenneth Arrow）的目的是要追究社会福利函数的具体形式的由来。但是萨缪尔森指出，阿罗不可能定理并不意味着柏格森—萨缪尔森社会福利函数本身存在逻辑错误。虽然“由于肯尼思·阿罗 1951 年在其经典著作《社会选择与个人价值》中给宪法投票函数（Constitutional Voting Function）取了同样的名字（‘社会福利函数’），他证明了这一函数不可能存在人们寄希望于它的那些特征，经济学新手们因此就以为柏格森—萨缪尔森社会福利函数已经被证明不存在”。但实际上，“柏格森的序数（Ordinal）个人主义社会福利函数是鲜活而健康的”。参见［美］保罗·萨缪尔森：《经济分析基础（增补版）》，何耀等译，东北财经大学出版社 2006 年版，增补版导言第 5 页。

④ James Buchanan, “Positive Economics, Welfare Economics, and Political Economy”, *Journal of Law and Economics*, Vol. 2, No. 1, 1959, p. 127.

第四节　价值因素的经济学方法论含义

经济学的研究对象包含着事实与价值的“缠结”，“缠结”使得经济学与自然科学存在方法论上的本质差异，而从价值维度在经济学研究中的重要地位可以引申出三条对应的方法论含义。我们在接下来的几章中还会对这三条含义的内容和影响加以详解，此处我们先略作铺垫。

一、经济学与复杂现象

第一是经济学和自然科学在研究对象的性质上具有根本区别。逻辑实证主义提出的“事实与价值的二分法”（Fact/Value Dichotomy）起码在以经济学为代表的社会科学中是不成立的。

在主流的新古典经济学的框架中，按照还原论的个人理性原则，偏好只能是稳定的且纯粹个人化的，因为允许偏好演化和交互影响的社会网络和文化环境已经被假设为不存在了。于是，所谓的理性选择并不是真正的选择，而是按照给定偏好求数学上的最优解，选择结果是由参数事前决定的。实际上，真实世界中的选择是与元偏好（Meta－preference）相关的问题。我们可以用略微不同的语言将阿马蒂亚·森的“元偏好”概念表述为：在决定如何做出选择时，我们会从社会价值规范的角度对自己关于不同选项的偏好做一次（类似电脑重启的）初始排序，从而使得我们的理性选择的结果发生变化。日常生活中很多看似“非理性”的行为，其实只是因为在旁人看来无所谓的事情，有时却对当事人有重大价值，这是他在自己的文化环境和生命经历中所感受到的重要性。比如，对于高价回购流失海外的国宝，我们能仅以购买者不理性、上了老外的当而讥笑了之吗？

偏好元排序一个更经典的例子是孔融让梨的典故。在只有孔融一个人的鲁滨逊世界中，经济理性会指导他选择较大的梨，这种选择代表了他的原始的生理偏好。然而，孔融做出的是让梨的选择，这并不表示他的这种选择是非理性的，而是说明孔融的偏好在特定环境下重新排序了——谦让是儒家文化中更基本的生活价值。这种文化所规定的价值是原子式的个人理性假设所无法容纳的，但对于分析社会现象又十分重要——其对孔融的行为给出了逻辑自洽的解释。于是，什么是符合理性的偏好，什么是符合理性原则的选择，进而什么是理性，都只有在价值维度上才能说明。

虽然个人的主观能动性和自主行动会对文化传统提出挑战，然而这种挑战本身很难完全跳脱传统的束缚：一是人生活在有特定价值的文化传统之中，故个体的创造性难免受到文化遗传的禁锢；二是价值的转化要通过对他人产生影响才能完成，而人与人之间的交流必须基于共享的文化传统才能彼此理解。不过，这并不是说文化及其共享的价值判断是一成不变的。文化是演化的，在经历“千年未有之变局”的过程中，中国人的普遍价值观也在逐渐发生变化，在逐渐地现代化和西方化（在悲观的意义上也可以看作文化的被殖民化）。

概言之，物理学的研究对象无论如何复杂，其在本质上都是纯客观的，只具有单一的事实维度。社会科学的研究因为要以人为本源而不得不采取方法论主观主义（Subjectivism）的立场，故其研究对象兼具事实和价值两个维度，且价值的维度相对于事实的维度更具根本性——其赋予了事实可理解的意义。价值是物理世界所不存在的维度，其构成了社会科学（以经济学为典型）和自然科学（以物理学为典型）在研究对象的基本性质上的本质区别。

我们在第二章将再次回到这一主题。

二、经济学与经验检验

第二是经验检验不是经济学理论的压倒性评价准则。价值因素的存在意味着经济学中含有无法量化的非实证内容，以经验检验为唯一准则会扭曲经济学的研究。

自然科学的方法论标准要求理论命题中的全部内容都可以被量化，继而按照实证主义或证伪主义的标准接受经验检验。但是，以经济学为代表的社会科学显然达不到这一要求。

经济学介于人文学科与自然科学之间。从经济学的起源看，经济学兼具伦理学传统和工程学传统，前者将经济学视为一种哲学的思辨，后者则将经济学处理为解决具体问题的工具。按照哲学的或者说伦理学的传统，经济学应该位列于一个“学科”（Discipline），而非一门“科学”（Science）。虽然20世纪30年代之后主流经济学家们不断强化经济学的工程学传统，但是伦理学的传统从未也不可能在经济学研究中完全湮灭。因此，从学科传统上来说，我们也很难视经济学为硬科学。既然经济学在本质上只可能是一门软科学甚至非科学，显然不应该将自然科学的方法论标准强行套用于经济学。

吊诡的是，继承了工程学传统的经济学家们虽然极力模仿自然科学的研究方法，但是他们的工作按照自然科学的标准——实证主义的经验原则——来检验的话决计算不得成功。2008年的金融危机让经济学家们对本学科的预测能力感到尴尬，经济理论显然没有通过这场经验检验。这可能正印证了1974年诺贝尔经济学奖得主哈耶克（Friedrich von Hayek）① 在20世纪40年代就指出的——社会科学的研究对象是特殊的，“它研究的不是物与物的关系，而是人与物或人与人的关系。它研究人的行为，它的目的是解释许多人的行为所带来的无意的或未经设计的结果”，② 故“我们所研究的不是物质世界，而是人类的思维”。③ 对象的特殊性的方法论含义是：由于“大多数社会行为或人类行为，都不是科学所说的那种与‘意见’相对立的狭义的‘客观事实’，根本不能从自然角度去定义它们”，④ 所以，过度地追求量化会导致唯科学主义的僭越，经济学的研究主题将被扭曲。学者们会专注于研究可量化的内容而不是重要的内容，如同夜晚在街灯下寻

---

① 顺带一提，哈耶克与维特根斯坦是表兄弟，两人都来自显赫的犹太人家族。但是，两人虽然认识，但关系并不亲密，也没有明显的证据说明两人在思想上彼此有过影响。参见［美］布鲁姆·考德威尔：《哈耶克评传》，冯克利译，商务印书馆2007年版，第470页。

② ［英］弗里德里希·冯·哈耶克：《科学的反革命：理性滥用之研究》，冯克利译，译林出版社2003年版，第17页。

③ ［英］弗里德里希·冯·哈耶克：《科学的反革命：理性滥用之研究》，冯克利译，译林出版社2003年版，第22页。

④ ［英］弗里德里希·冯·哈耶克：《科学的反革命：理性滥用之研究》，冯克利译，译林出版社2003年版，第19页。

找丢失的钥匙。①

无独有偶，物理学界也存在类似的教条实证主义倾向及对这种倾向的反思。波普尔（Karl Popper）在自己的自传中回忆，“爱因斯坦本人多年来一直是一个教条的实证主义者和操作主义者。他后来摒弃了这种诠释；他在1950年告诉我，他犯过的任何错误都没有像这个错误这样使他感到后悔”。② 波普尔认为物理学走过的这段弯路在哲学上反映了维也纳学派受维特根斯坦早期作品影响所发展出的教条式的实证主义，而维特根斯坦在后期完全放弃了其先前的观点。

进一步说，经济学理论中的部分内容无法量化和进行经验检验并不是方法论上的重大缺陷。在以经济学为代表的社会科学乃至自然科学中，常见的理论评价标准包括：符合性——理论能够拟合或能够解释观察到的事实；一般性——理论可以应用于分析广泛的现象；易处理性——理论的模式只涉及较少的参数而不是过于复杂；简约性——以尽量少的辅助性假设将理论用尽可能简单和优美的形式表达出来（Putnam，2002）。可见，可量化和经验检验只不过是多个科学准则之一。实际上，在自然科学的进步过程中，很多范式革命的发生并不仅仅源于经验检验上的支持，其他方法论准则也起到了显著的作用。比如，“日心说”取代“地心说”就并非是因为前者的预测真的在当时远优于后者，更多的是源于前者在模型表述上的易处理性和简约性。既然自然科学尚且要在执行方法论准则时打些折扣，我们又何必要强求经济学之类的社会科学呢。

我们在第三章将再次回到这一主题。

---

① 哈耶克还指出，纯粹从实证主义角度所定义的经济现象其实完全与经济学无关：“客观主义或唯物主义的观点试图把货币定义为一小块圆形金属，对此经济理论无话可说。它对这个意义上的钢铁、木材、石油、麦子或鸡蛋，也无话可说。其实，任何具体商品的历史都表明，随着人类知识的变化，同样的物质可以代表非常不同的经济范畴。我们也无法从自然科学的角度，区分出两个人是在进行实物交换或交易，还是在玩游戏或举行宗教仪式。除非我们能够理解人类的行为有什么意图，即将其纳入把相似环境与类似行为联系在一起的规则的任何尝试，都是注定要失败的。”参见［英］弗里德里希·冯·哈耶克：《科学的反革命：理性滥用之研究》，冯克利译，译林出版社2003年版，第24－25页。波普尔的“情境分析”深受哈耶克的这种早期观点——人的行为的意图理论——的影响，具体见第二章。

② ［英］卡尔·波普尔：《无尽的探索——卡尔·波普尔自传》，邱仁宗译，江苏人民出版社2000年版，第101页。

三、经济学与模式预测

第三是经济学所能实现的理论预测的非精确性。价值因素导致了经济学的研究对象必然是复杂现象，而经济学关于复杂现象的预测只能是“模式预测”（Pattern Prediction）。

这一含义与第二个问题是相互关联的。物理学能够吸引人的重要优势之一是其可以对自然现象做出较为精确的预测，从而可以达到逻辑实证主义意义上的“确证”（Confirmation）或波普尔意义上的避免被“证伪”（Falsification）。虽然说我们不必执着于让经济学的所有命题都可量化并加以经验检验，但这并不意味着对于经济学中可以量化的命题来说经验检验不重要。只是说，由于经济学研究对象的特殊性质，该学科的经验检验只能面向所谓的模式预测。

由于研究对象性质的不同，我们不能指望在复杂现象领域仍能够做出与研究简单现象时一样的决定论解释和有特定解值的精确预测，如物理学曾经带给我们的一样。我们所能追求的仅仅是模式预测。这种预测概念由哈耶克和另一位著名经济学家奈特（Frank Knight）分别提出，并且影响了布坎南等后辈经济学家。哈耶克在 1994 年出版的对话性自传中指出，“原理（Principle）解释和细节（Detail）解释之间的差别……就在于模式预测”,① 而所谓的模式预测，往往是一种否定式的预测，即“某些事情不会发生的否定性（Negative）预测”和“这样或那样的现象不会同时发生的预测”② 虽然通常不会得出精确的数值解，“模式预测仍然能够被证伪，并且因而仍具有含经验意义的内容”。③

之所以社会科学只能有模式预测，是因为社会科学关注的是复杂现象，而复杂性的来源是主体间的互动及其所衍生的价值维度。人与人之间的互动发生于特定的文化环境中，从而裹持了文化所赋予的价值，并在人与物

① ［英］F. A. Hayek：《海耶克论海耶克：对话式自传》，Stephen Kresge 和 Leif Wenar 编，李华夏、黄美龄译，远流出版事业股份有限公司 1997 年版，第 162 页。

② ［英］弗里德里希·冯·哈耶克：《解释的程度》，载《哈耶克文选》，冯克利译，江苏人民出版社 2007 年版，第 430 页。

③ ［英］弗里德里希·冯·哈耶克：《知识的僭妄》，载《哈耶克文选》，冯克利译，江苏人民出版社 2007 年版，第 414 页。

的关系中把价值维度带入了事实维度。于是，我们在社会科学中不能再像在自然科学中那样广泛地运用还原主义，因为价值维度仅在一个社会互动的复杂而非简化的系统中才能得以认识。当不能再无所顾忌地应用还原论后，我们将发现，我们无法再给出明确而精确的量化预测。因为只有当我们对个体的行为属性做了非常单一且固定的简单假设时，代表性个体的选择才是完全决定性的（Determinacy），从而经济分析才可能得出唯一的可精确预测的均衡。但是，当引入了价值维度后我们将发现，人的偏好是依赖于特定文化和情境的，故均衡是多重的、漂移的甚至根本就不存在的。于是，预测只能是非决定性的，即模式的。正如哈耶克在1974年的诺贝尔获奖演说中指出的，“科学的进步必须从两个方向上进行：使我们的理论尽可能具有可证伪性当然是必要的，不过我们同时也必须进入这样的领域，随着我们的深入，可证伪性必定会减少。这是我们进入复杂现象的领域不得不付出的代价”。[①]如果要为哈耶克以上观点寻找哲学依据的话，那么就正如现象学所一贯认为的——一门“严格的”学科，并非必须是“精确的”。

我们在第四章将再次回到这一主题。

四、经济学与实验

经济学长期以来被认为是与可控实验无缘的学科，很多经济学家也不认为这会对经济学的科学性产生很大的影响。[②] 不过，从20世纪60年代开始，风气开始转变，经济学的方法有了革命性的变化——对实验方法的运用有了爆炸性的增长。经济学家已经接受了实验是其工具箱的重要内容之一，虽然对于实验的适用范围、有效性、功能等方法论问题仍有争议。

实验，尤其是实验室实验传统上被视作自然科学的标志。那么，经济学中引入了实验方法是否就意味着经济学距离硬科学更近了一步呢？这一

---

① ［英］弗里德里希·冯·哈耶克：《知识的僭妄》，载《哈耶克文选》，冯克利译，江苏人民出版社2007年版，第413页。

② 弗里德曼认为，“无法进行所谓的‘可控实验’并不反映社会科学与自然科学之间的根本区别。这不仅是因为并非只有社会科学才不能进行可控实验（自然科学中的天文学也不能），而且因为可控实验与不可控实验的区别，说到底，不过是程度问题。没有哪个实验是完全可控的，而每一种实验，从某些干扰因素在整个过程中是相对不变的意义上说，在一定程度上都是可控的”。参见［美］米尔顿·弗里德曼：《实证经济学方法论》，载《实证经济学论文集》，商务印书馆2014年版，第11-12页。

问题并没有显而易见的答案。首先，从经济学的工程学传统来看，这一问题的答案应该是肯定性的。按照工程学解决技术问题的思路，只要能够对实验室中的干扰因素和相关变量进行有效控制，就可以对经济学理论的假说性预测进行更严格的检验。但问题是，经济学所关心的人与人的关系和人与物的关系不同于自然科学中的物与物的关系，人是有思想和能动性的主体，其行为和选择都受其价值观的指导。大量的实验结果也显示，人不是简单的输入—输出的转换器，从而经济学的实验不能简单地被视为技术问题，其反倒是在很多时候反映了经济学的伦理学传统所关注的价值问题。因此，以亲社会偏好（Social Preference）为研究对象的实验为经济学中的伦理学传统的再次复兴提供了一种新的可能。

以亲社会偏好为研究对象的实验经济学工作的关键发现是：激励会使人们做出反应，但影响人们行为的激励是多元的，即激励不仅指涉物质利益，也关乎公平感等价值性因素。换句话说，主流经济学的逻辑推理的前提——把人假设为只追求狭义“自利”[①] 的经济人——在含义上过于局限了，因而会使经济学无法解释很多行为上的异象（Abnormality），如慈善行为。既然真实的人有价值诉求，那么经济学家在借鉴自然科学中的工程学方法时就必须万分谨慎。经济学家不应该为了服务于方法而对复杂的经济现象加以削足适履的改造，否则无助于解决真实世界的经济问题。说得更直白一点，由于经济学的研究对象与物理学的研究对象之间有根本的不同——前者涉及的都是价值性事实，经济人假设所带来的工程学上的好处是有代价的。故此，引入价值维度是发展有更强解释力的经济学理论的必然要求，也是很多实验经济学家和行为经济学家正在努力的方向。

我们在第五章和第六章将再次回到这一主题。

---

① “自利”（Self - interest）的宽泛的定义是可以包含他者——如家人、朋友甚至宠物——的效用的。但是经济学家通常会对“自利”做更狭隘的规定，因为只有在每个经济活动者的效用函数只以自己消费的商品为自变量时，市场竞争的均衡才可能是帕累托有效的，从而福利经济学第一定理成立。对此问题的证明参见第一章第三节脚注。

第五节　小结

长久以来，继承工程学传统的主流经济学家们一直抱有将经济学变为一门硬科学的野心。但是，只有当把自己的视线局限在牛顿经典物理学所描述的还原主义的简单现象的世界时，科学主义者们的这种野心才有其科学和哲学的基础。一旦我们把视野扩大，从而认识到价值维度会导致社会科学的研究对象乃至方法论的特殊性，我们就必须承认这种野心实在是一种理性的自负。

社会科学处于自然科学与人文学科之间，兼具事实的维度和价值的维度，而其中价值维度在关注人的行动的学科中具有必然的统摄性。这是因为，社会科学的研究对象和基本单元是人，故在社会科学中所定义的“价值”是主体间策略性互动所汇聚成的演化博弈均衡，而所有事实都仅在被个人所拥有的共享知识加以价值重构后才能进入社会科学的话语体系。于是，社会科学的研究对象在兼具事实和价值两个相互“缠结”的维度的立场上较自然科学的研究对象更为复杂。由于这种复杂性，社会科学和自然科学在因果性上也有微妙的差别，如果说自然科学止于关注机械性的因果，那么社会科学更倾向于挖掘内在的更本质的因果联系。就是说，以经济学为代表的社会科学的工作者们在拒绝马克思所谓的理论“庸俗化”上理应表现出更大的方法论自觉。

遗憾的是，近代以来的经济学家们大都将精力放在了对事实维度的研究，把自身的研究对象硬性还原为与世隔绝的基本粒子，以便套用牛顿式的关于客观事实的研究方法。只有当我们认清了经济学的复杂现象的特殊性质，即价值维度的存在和主导作用后，我们才可以跳脱还原论方法带给我们的扭曲的科学图景。如同相对论拓展了牛顿力学的科学视野，重视价值维度的经济学也会增强我们对社会和人自身的理解。套用马克思的概念来说，这种经济学研究将回归李嘉图（David Richard）之前的古典政治经济学传统，抛弃“庸俗”，重新找回“人”及其“价值”。

总而言之，由于存在价值维度和价值在方法论问题上的影响，经济学不可能照搬物理学的研究方法，从而在逻辑上不可能成为自然科学意义上的硬科学。

在本章，我们大量引用了哈耶克讨论经济学与自然科学的方法论区别的观点。实际上，哈耶克在20世纪三四十年代的观点与他在20世纪五六十年代及之后的观点还是有较为明显的差异的。由于在20世纪三四十年代尚未接触到复杂性科学，哈耶克的早期观点与当时的主流经济学的区分仍然比较有限。其实，“二战”前的各个经济学派之间曾认为彼此的理论大同小异，只存在用语上的差异，例如奥地利学派的一代宗师，与哈耶克亦师亦友的米塞斯（Ludwig von Mises）当时就持此种看法（柯兹纳，2010）。恰恰是在20世纪三四十年代，一代科学哲学大师波普尔（Karl Popper）受到了哈耶克的生活资助和学术影响，进而按照哈耶克的早期思路，即与新古典经济学极为相近的思路对经济学方法论加以了哲学层面的权威解读。遗憾的是，波普尔并没有注意到哈耶克后期在方法论观点上的进展和完善，这不能不说是思想史上的一个巨大缺憾。这一缺憾可能或者说尤其影响了经济学的发展路径，因为波普尔是“二战”后对经济学界影响最大的哲学家。①

在接下来的一章，我们将接续本章的内容，从哈耶克对波普尔的影响出发，比较两者的方法论观点的差异，进而揭示经济现象的复杂性的本质和为什么主流经济学的还原论模型无法处理复杂现象。无法在更广泛的领域推广和应用自然科学中的还原论模型是经济学不能成为硬科学的重要理由之一。

---

① 当然，这种影响可能最主要源自他的证伪主义的经验检验观念，并通过弗里德曼（Milton Friedman）的《实证经济学方法论》一文加以传播。我们在后面的章节，尤其是第四章会讨论波普尔对弗里德曼的影响。

第二章　经济学的情境分析与复杂现象

正如前文所述，经济学一向患有“物理学嫉妒症”——试图模仿物理学的研究方法来分析本学科的研究对象。诺贝尔奖从1969年开始设立经济学奖项，似乎暗示了以经济学为代表的社会科学①在模仿物理学的道路上取得了成功。但是，在认识世界和改造世界的问题上，相比于自然科学，社会科学所能发挥的功能似乎更加有限——经济学家在预测和应对2008年以来的金融危机上的苍白无力是最鲜明的证据。受这种现实激荡所引出的问题意识的启发，本章将从经济学的情境分析方法和研究对象的性质入手，尝试获得对经济学的功能限度的清醒认识，以避免致命的自负。

第一节　情境分析的缘起

著名经济思想史大家布劳格（Mark Blaug）曾经对波普尔在经济学领域的影响给出了极高的评价，“波普尔（Karl Popper）对现代经济学产生了巨大的影响，其影响大于任何其他科学哲学家”。② 这种影响突出表现为，目

---

① 在某种程度上说，诺贝尔经济学奖并不是只面向经济学的奖项，而是涉及了整个社会科学领域。一方面，该奖也授予过管理学家西蒙（Herbert Simon）、心理学家卡尼曼（Daniel Kahneman）以及奥斯特罗姆（Elinor Ostrom）这样的政治学家。另一方面，布坎南（James Buchanan）、诺斯（Douglass North）、贝克尔（Gray Becker）、森（Amartya Sen）等获奖者把经济学的触角深入到了政治学、历史学、社会学和伦理学等领域。

② Mark Blaug, *Economic Theory in Retrospect* (*third edition*), Cambridge: Cambridge University Press, 1978, p. 74.

前绝大多数经济学家起码在名义上都是波普尔的信徒，他们都是方法论的"证伪主义"（Falsificationism）的信奉者。但是，波普尔并不仅仅是为经济学家们提供了工具，其对于经济学的学科性质有自己独到的见解。波普尔的这种见解产生于其与经济学家的互动，从而表现为科学哲学的理论提炼和经济研究的实际工作之间的积极互动。这种互动的显著成果就是所谓的情境分析（Situational Analysis）。

一、波普尔与哈耶克之间的学脉渊源

情境分析的概念最早出现在波普尔的《历史决定论的贫困》一文中，此文的最早版本诞生于1936年。[①] 此后，波普尔在1945年出版的《开放社会及其敌人》一书中对此概念进行了更详细的说明。而对于该方法最全面的阐述则出现在波普尔1963年在哈佛大学经济学系的演讲中（这次演讲直到1994年才以论文的形式出版）。在该文中，波普尔坦承："我的社会科学方法论观点源于我对经济学理论的钦慕，通过概括和一般化理论经济学的方法，我在25年前就开始发展它们。"[②] 因此，波普尔的社会科学方法论本质上是对经济学方法的哲学总结和升华。1974年的诺贝尔经济学奖获得者哈耶克（Friedrich Hayek）和波普尔是好朋友。波普尔明确承认他的社会科学方法论受到了哈耶克将经济学概括为"选择的逻辑"（Logic of Choice）的影响，[③] 形成了"情境的逻辑"（Logic of the Situation）。

---

① 此文曾经以论文形式在1944年和1945年分三期发表在哈耶克当时主编的杂志 *Economica* 上。此文后来被扩展为一本书籍，该书的英文版直到1957年才正式出版。

② Karl Popper, "Models, Instruments, and Truth", in M. A. Nottorno, ed., *The Myth of the Framework: in Defense of Science and Rationality*, London: Routledge, 1994, p. 54.

③ 波普尔所指的影响是哈耶克在1937年所发表的作品（F. A. Hayek, "Economics and Knowledge", *Economica*, New Series, Vol. 4, No. 13, 1937, pp. 33-54.），1935~1936年，波普尔在英国进行学术访问，从而认识了哈耶克并且接触到了该文的早期讨论稿。但是，我们在后文中将会发现，波普尔显然误解了哈耶克理论中的"选择"的含义。按照哈耶克所代表的奥地利学派的观点，新古典经济学中的"选择"根本就谈不上是选择，因为其是按照预设的前提条件必然会推导出的结果，就如同已经设计好的计算机程序一样。真正的选择应该是对于未来的无知情况的"创造性选择"，企业家对于创新方向和方式的选择就属于此类。遗憾的是，波普尔所理解的选择恰恰是哈耶克所反对的新古典式的"反射性选择"，它是理性原则的一个必然推论。参见 James Buchanan and Viktor Vanberg, "Constitutional Implication of Radical Subjectivism", *Review of Austrian Economics*, Vol. 15, No. 2/3, 2002, pp. 121-129.

关于情境分析的原始阐述出现在《历史决定论的贫困》一书的第四章的“方法的统一性”一节，波普尔认为，物理学的研究对象是复杂现象，而经济学的研究对象则是简单现象，这与人的“理性”有关：因为“社会情况多半（若不是全部的话）有着理性的因素，固然，人类并非总是很理性地行事（这就是说，如果人们很好地利用一切可以获得的知识来达到他们的目的，他们就是理性地行事），但是，他们的行为仍然多少是理性的；这使我们能够把人们的行为和相互作用建立一些比较简单的模型，并把这些模型作为近似值来使用”。[①] 所以在波普尔看来，由于可以将理性原则（Rationality Principle）应用于情境分析中，社会科学的研究对象是典型的简单现象，而自然科学的研究对象更具复杂性。

波普尔将社会科学的研究对象视为简单现象的观点，一经出炉就引起了广泛的争议。吊诡的是，被波普尔视为经济学方法论模板的 1974 年诺贝尔经济学奖获得者哈耶克（F. A. Hayek）的观点，恰恰与情境分析方法针锋相对。哈耶克是波普尔的至交好友，《历史决定论的贫困》的早期版本发表在了哈耶克所主编的《经济学人》（Economica）杂志上——正是该文使哈耶克相信，不论是自然科学还是社会科学，都可以和应该运用证伪原则。虽然如此，在社会科学的研究对象的性质问题上，两位思想巨匠却持有截然相反的观点。

受信息论的创始人之一——数学家韦弗（Warren Weaver）的影响，哈耶克在 20 世纪 50 年代的中后期将科学区分为研究“简单现象”（Simple Phenomena）和研究“复杂现象”（Complex Phenomena）两种（Weaver, 1948）。与波普尔相反，哈耶克和韦弗都认为，研究简单现象的科学的最好例子是牛顿经典物理学和传统化学；研究复杂现象的现代科学所关注的对象包括生命有机体、人类社会甚至人的心智，等等。但是，研究对象的区分并不能直接等同于社会科学与自然科学的差别。实际上，在自然科学界内部，不同学科的性质差异也是非常明显的，例如：生物学——尤其是进化论——的研究对象的性质与社会科学的研究对象的性质是十分接近的；但是，物理学——特别是牛顿式物理学——与社会科学在研究对象上的区分却十分明显。差别在于，经典物理学所研究的现象可以“用相对简单的

---

① ［英］卡尔·波普尔：《历史决定论的贫困》，杜汝楫、邱仁宗译，上海人民出版社 2009 年版，第 111 页。

公式加以描述",[①] 而进化论等自然科学学科和社会科学诸学科"必须处理的是性质复杂的结构，也就是说，它所处理的结构，只能用包含着较多变量的模型加以说明"。[②]

波普尔秉持着社会科学的研究对象是简单现象的看法，其认为，利用情境分析方法构建经济模型的基本工作原理是："把具体的个体同质化（Homogeneity），使其可以分析相关的情境，并且减少在一个典型的情境模型中个人的个性化目标和个人知识的成分，以便能够在原则上解释一个庞大阶层的相似的结构性事件。"[③] 在这类模型中，同质性个体的理性原则（Rationality Principle）的含义是鲁滨逊式的代表性个体在自身所处的情境下采取适当的行动。于是，情境分析等价于对新古典经济学中的"经济人"假设做出了哲学层面上的二次加工。情境分析方法用不同的概念置换了理性的人在约束条件下追求自身效用最大化这一经济学基本设定——波普尔用"情境"代替了"约束条件"，用"理性原则"替换了"完备理性"。情境分析相当于在哲学的高度上为主流经济学的标准化工作原理——在设定了环境参数后求解个体目标的最优化问题——提供了合法性证明。这是典型的还原主义（Reductionism）的建模思路，并且是还原论中的极端版本——原子式个人主义（Atomic Individualism）。

相反，由于把社会现象视为一种复杂现象，哈耶克极为反对把经济学的主题简化为代表性个体的理性选择。因为这种思路否定了人类社会是一个复杂巨系统这一典型事实，从而遮蔽了何谓"理性"决定于其所处的文化体系和社会网络这一本质。对应地，哈耶克赞同贝塔朗菲（Von Bertalanffy）的一般系统论（General System Theory），即把社会现象理解为由若干要素以一定形式联结构成的具有特殊功能的有机整体。他在 1960 年给波普尔的信中就说，"我打算重新阐述我对经济理论的性质的观点，我形成了一种有关更高层次规则的观点，我一直放不下它，并且它在经济学领域之外似乎也能取得成果。我觉得，它其实就是贝塔朗菲在其'一般系统理论'中

---

① [英] 弗里德里希·冯·哈耶克：《复杂现象论》，载《哈耶克文选》，冯克利译，江苏人民出版社 2007 年版，第 440 页。

② [英] 弗里德里希·冯·哈耶克：《知识的僭妄》，载《哈耶克文选》，冯克利译，江苏人民出版社 2007 年版，第 408 页。

③ Karl Popper, "Models, Instruments, and Truth", in M. A. Nottorno, ed., *The Myth of the Framework: In Defence of Science and Rationality*, New York: Routledge Press, 1994, p. 168.

追求的东西”。[①]

很明显，在如何看待经济学（社会科学）的研究对象性质的问题上，波普尔与哈耶克这对挚友之间存在本质的分歧。波普尔把社会情况当作简单现象来研究，而哈耶克则认为社会科学所涉及的对象是典型的复杂现象。这一本体论上的分歧影响了两者对社会科学研究策略的设定。那么，为什么说情境分析代表了对于简单现象的还原论研究方法呢？这要从情境分析的科学哲学实质说起。

二、情境分析的科学哲学实质

情境分析在方法论上有如下特征：在基于情境分析的模型中，理性原则（Rationality Principle）是作为不可动摇的基础方法论前提而存在的。在波普尔的框架中，对“理性”的规定是一个相对较弱的版本，或者用波普尔自己的话说是所谓的“最低原则”（Minimum Principle），这一版本的理性只要求个人在特定的情境下采取适当的行动，而不涉及个人是否追求自身效用最大化和适当行为是否意味着最优化决策等问题。按照情境分析的规定，理性假设在性质上是先验的（A Priori），但这并不意味着该假设先验有效（A Priori Valid）或先验为真（A Priori True）。波普尔坦然承认，理性原则明显是种虚假（False）的假设。于是，波普尔在经济学方法论上的立场更接近于以弗里德曼为代表的“工具主义”，从而既不同于任何经济学界的归纳主义者，如很多热衷于追求“真理”（Truth）的主流经济学家（如萨缪尔森），也不同于受康德主义影响甚深的奥地利学派的代表人物米塞斯。前者受逻辑实证主义的影响，认为逻辑推理的前提假设必须在事实上客观为真；后者则认为前提假设属于公理命题，其天然的先验为真。

波普尔认为理性原则既然是先验的，那么自然就与任何经验层面的证伪检验扯不上关系，即是说，“它在社会科学中不必经受任何种类的检验”。[②] 当基于情境分析所构建的模型其理论预测被证伪时，虽然“总是要决定哪一个构成部分应该为失败负责”，[③] 但却“不要涉及理性原则，而是

① ［美］布鲁斯·考德维尔：《哈耶克评传》，冯克利译，商务印书馆2007年版，第367页。

②③ Karl Popper, “Models, Instruments, and Truth”, in M. A. Nottorno, ed. *The Myth of the Framework: In Defense of Science and Rationality*, London: Routledge, 1994, p. 177.

让理论的其余部分，即模型去承担责任，如此才是理想的方法论政策”。[①] 这一观点显然与弗里德曼在《实证经济学》方法论中的观点有所共鸣，实际上，弗里德曼也承认受到了波普尔的影响。

理性原则被波普尔视为一种特殊的经济学方法论原则，波普尔将其比拟为物理学中的“普遍法则”（Universal Laws）。这一比喻意味着，理性原则在社会科学研究中具有通用性，其属于一种必须加以坚持的方法论假设（Methodological Postulate）。当我们在情境分析中采用理性原则时，这一具有普遍适用性的启发性法则（Animating Law）就变成了所谓的零原则（Zero - principle）：只要有该原则，我们就可以避免做出更多的任意假设。基于此，理性原则的方法论作用被波普尔归结为：“虽然我们知道它不是真的，但是我们可以将其视为对真理的良好近似。采用理性原则可以相当程度地减少我们的模型的任意性，如果我们试图放弃这个原则，任意性将会反复无常地出现。”[②]

由于情境分析把理性原则视为经济学中的先验假设，基于情境分析所构建的模型毫无疑问地属于演绎法的范畴。[③] 不过客观地说，情境分析与归纳法并不是水火不容的，个人所处的特定情境就需要运用归纳法加以总结。在波普尔的语境中，情境分析模型也需要处理主流经济学的最优化模型中的“约束条件”（Constraints）问题。在很多经济学家（如科斯和张五常）看来，约束条件是否客观为真是经济理论能否解释真实世界的经济现象的关键。如果此论正确，那么归纳法在情境分析乃至全部的经济学演绎法传统中仍然应该占有一席之地。不过，波普尔并没有对归纳法在情境分析中的作用加以重视，这也许源于波普尔的证伪主义的根基就是对于归纳法的

---

① Karl Popper, “Models, Instruments, and Truth”, in M. A. Nottorno, ed. *The Myth of the Framework: In Defense of Science and Rationality*, London: Routledge, 1994, p. 177.

② Karl Popper, “Models, Instruments, and Truth”, in M. A. Nottorno, ed. *The Myth of the Framework: in Defense of Science and Rationality*, London: Routledge, 1994, p. 181.

③ 经济学中的演绎法来自李嘉图的传统。

反动——波普尔证明了“归纳原理是多余的，它必然导致逻辑矛盾”①。对于今日在经济分析中运用归纳法来说，这也无疑是值得注意的警告。

第二节　对情境分析的批评与超越

一、伪问题与真问题

情境分析在方法论上的一个显著特点是——将理性原则视为一个无须检验的先验假设，② 即相当于拉卡托斯（Imre Lakatos）的科学研究纲领中的“硬核”。这一特点使得情境分析受到了激烈的批评，很多经济学方法论专家认为如此处理理性原则与证伪主义是相冲突的。实际上，这一方向的批评明显都误解了波普尔的证伪主义科学哲学观，且因囿于技术层面的讨论而忽视了对情境分析的更基础问题的反思，从而在理性原则是否该受到证伪检验这一伪问题上浪费了大量的智力资源。综观波普尔的科学哲学思想，理性原则在检验问题上受到免疫的优待，并不与其证伪主义的观点相冲突。波普尔认为处于生长期的有创造力的理论是可以对未知现象做出大胆猜测的理论，这种猜测即是作为理论的逻辑推导结果的预测性假说。下一步的工作才是对此类猜测和假说加以经验检验，如果与经验事实相符，那么理论被确证和暂时接受；如果两者不符，则理论被证伪并淘汰。即是说，波普尔关注的是理论结果的创新性及其是否与现实一致，理论前提的真实性则无关宏旨（牛顿力学中把运动的物体想象为一个质点的假设不也是一种

① ［英］卡尔·波普尔：《科学知识进化论》，纪树立编译，三联书店1987年版，第17页。波普尔在反对归纳方法时所举出的最著名的例子是“黑天鹅”：当我们所见到的天鹅都是白色时，按照归纳逻辑，我们的结论是天鹅是白的；但是，一旦我们发现了一只黑天鹅（澳洲就有这种天鹅），那么之前的整个归纳结论就破产了。这个例子用来说明证伪方法的价值当然没有问题，但是，波普尔显然把归纳逻辑等同于归纳方法了。如果把归纳视为一种总结真实现象，从而提炼出与现实相符的情境或曰约束条件的方法，那么波普尔的批评显然把打击范围扩大化了。

② 这与弗里德曼的方法论观点有相似性，即都否定了需要对作为逻辑推理前提的假设（Assumptions）进行检验，但弗里德曼是一个工具主义者，其兴趣不在于讨论作为推理前提的假设是否有先验性质。

极端的抽象吗)。

在现实中的金融危机已经蔓延为理论界中对于主流经济学的信任危机的情况下，最关键的问题并不是理性到底在本体论上是否为真，主流经济学大可辩解这一概念本质上只是一个建模中的“脚手架”假设。真问题是我们在认识论上该如何看待理性这一概念，我们在经济学模型中应该将此概念视为等价于求解数学最优化，还是特定文化下的价值观的产物。这一真问题可以转化为另一个问题，就是在经济学研究中应该如何看待“人”和只有人类社会才具有的“价值”维度。这一真问题之所以重要，是因为其关系到经济学家如何回应后金融危机时代的方法论挑战：经济学家是继续把持着以情境分析为哲学基础的主流方法不放，对这一方法在预测和应对金融危机时只有招架之功、毫无还手之力的现象视若无睹；还是通过重新思考理性概念与价值维度，对经济学的方法论加以改造，“重修武功”(超越情境分析)以挽回本学科的声誉?

二、波普尔与哈耶克的异与同

一般从方法论来说，一个具体的经济理论模型的优劣很大程度上取决于其在解释(Explanation)或预测(Prediction)[①] 真实的经济现象时是否足够可信和准确。由于波普尔多次明确地提醒读者，他所青睐的情境逻辑本质上是对业已成熟的主流经济学方法论的提炼和升华，“是试图概括出一种

---

① 逻辑经验主义者，如亨普尔(Carl Hempel)，甚至包括波普尔，都认为预测和解释是同一硬币的两面。逻辑经验主义者对预测问题的说明基于的是假说—演绎(Hypothetical - Deductive)方法，“从一般的假设(Assumptions)和特殊的初始条件陈述开始，演绎推理出特殊的预言陈述。初始条件陈述，至少在当时看来，是被接受为真的陈述；假设是其真理性尚有争议的陈述”。(参见[美]韦德·汉兹:《开放的经济学方法论》，段文辉译，武汉大学出版社 2009 年版，第 92 页)。逻辑经验主义者对解释问题的回答是演绎—律则(Deductive - Nomological)模型，“通过将一个具体的被观察到的事件(说实体 x 表现了属性 y)包含在一条普遍规律(说 x 是 z 的一个事例，并且所有 z 都表现属性 y)之中而得到解释”。(参见[美]韦德·汉兹:《开放的经济学方法论》，段文辉译，武汉大学出版社 2009 年版，第 93 页)。解释与预测之所以对称，其原因在于，“演绎—律则模型使用的科学解释的演绎形式与假说—演绎方法处理理论与经验数据之间的关系的形式正好是相同的。这就导致了逻辑经验主义者的对称论题。对称论题是说，解释和预测具有相同的形式；解释是事后的，预测是事前的，但是基本的演绎形式是一样的。预测和解释是科学这枚硬币的两面”。(参见[美]韦德·汉兹:《开放的经济学方法论》，段文辉译，武汉大学出版社 2009 年版，第 95 页)。

经济理论（边际效用理论）的方法以便应用于其他社会科学”,[①] 故主流经济学在2008年金融危机前后所表现出的相当有限的预测能力和给出的老生常谈的解释，恰恰证明了情境分析方法存在显著的局限性。

在社会科学领域，尤其是经济学圈子中流行着一种方法论迷思：欲成为“硬科学”，必须以在方法上遵循物理学的范式为先决之必要条件。经济学家们对这一信条的响应最为积极，以至于经济学已经成为人文社会科学领域中与物理学在研究方法上最为接近的学科。经济学家在因本学科越来越神似“硬科学”而沾沾自喜时，往往遗忘了去批判性地反思经济学和物理学在研究对象的性质上是否一致，从而前者在方法论上模仿后者是否具有学术合法性。正是在此问题上，波普尔与其好友，奥地利学派第三代的代表，诺贝尔奖获得者哈耶克存在明显的思想分歧。

波普尔虽然明确承认自己的经济学知识得益于哈耶克所提出的“原则性解释”的框架，但从波普尔把经济现象视为简单现象，并把理性原则当作情境分析的出发点的做法可知，波普尔在一定程度上对哈耶克的观点做了并不恰当的阐释，甚至可能是南辕北辙的误读。阅读哈耶克晚年的自传就可以知道，一个让哈耶克苦苦求索了一生的学术主题便是“复杂秩序（Complex Orders）的形成和辨识”。[②] 与之相悖，当波普尔把理性原则视为经济学模型中不可动摇的先验原则时，其显然是把经济现象视作一种简单现象，故可以运用还原论方法构建关于个体理性选择的简单模型。

作为波普尔的伯乐和长期保持学术交流的挚友，哈耶克始终以善意的眼光来看待波普尔的学术观点。哈耶克褒扬了波普尔的“批判理性主义”（Critical Rationalism），认为其可作为对幼稚的理性主义的最好替代。在批评经济学以可进行经验检验作为压倒性的科学准则时，哈耶克也不忘极力为波普尔辩护，把批评的剑锋更多地指向了狭隘的实证主义和唯科学主义。但是，在经济学的研究对象应该被视作简单现象还是复杂现象这一关键问题上，哈耶克与波普尔的分歧是深刻而明显的。因此，在诺贝尔经济学奖的演讲稿中，哈耶克不得不非常客气地指出了自己与波普尔的方法论差异：“对卡尔·波普尔这样的科学哲学家，我们应当表示无尽的感激，因为他给

① ［英］卡尔·波普尔：《无尽的探索——卡尔·波普尔自传》，邱仁宗译，江苏人民出版社2000年版，第123页。

② ［英］F. A. Hayek：《海耶克论海耶克：对话式自传》，Stephen Kresge、Leif Wenar编，李华夏、黄美龄译，远流出版事业股份有限公司1997年版，第180页。

了我们一种检验方式，使我们能够对可以作为科学而接受的东西和非科学的东西加以区分。我相信，这一方法会使某些现已被承认为科学的学科原形毕露。然而，当遇到同那些本质上复杂的现象有关的一些特殊问题时……不仅对具体实践的预测有着难以逾越的障碍，如果我们自以为拥有超越这些障碍的科学，并据此采取行动，这种做法本身就会成为人类智慧进步的严重障碍。”①

哈耶克虽然认为任何学科的理论在高级阶段的最终归宿都是复杂现象研究，但其还是肯定经济学和物理学的研究对象在性质上是不同的，即使都按照复杂现象来看待，也属于不同类型的复杂性。物理学中的研究对象的特征是：“在这样的现象中，紧密相关的不同种类的变量特别少，少到足以使我们能够把它们当作一个我们能够对其间的所有决定因素进行观察和控制的封闭系统加以研究。”② 与此不同，经济学中的研究对象的特征是其“特定的情势数量之大，实是我们永远都无力探明和确定的”，③ 所以经济学家们永远都不可能知晓“所有参与经济过程之中的行动者所具有的知识和欲求”。④ 即使是在大数据时代，我们也无法避免这种必然的无知，很多知识属于私人化的默会（Tacit）知识（如赏鉴艺术品的眼光和品位），很多欲求属于私人化的隐性偏好（如人们为了特定的目的而隐瞒自己的真实偏好），都无法通过信息收集而获得。因此，哈耶克始终认为，“始终会存在这样一些领域，而人们可以在其间证明，所有这类简单陈述都肯定是错误的，因此赞同‘法则’（Law）的偏见也肯定是有害的”。⑤ 基于以上理由，在哈耶克看来，牛顿时代的物理学方法对于全部的社会科学（当然包括经济学）以及自然科学的很多学科，如生物学、心理学和量子物理学等都是不适宜的。牛顿经典力学的还原论建模方法只适合研究简单现象，而所有

① ［英］弗里德里希·冯·哈耶克：《知识的僭妄》，载《哈耶克文选》，冯克利译，江苏人民出版社2007年版，第413页。

② ［英］弗里德里希·冯·哈耶克：《哈耶克论文集》，邓正来译，首都经贸大学出版社2001年版，第259页。

③ ［英］弗里德里希·冯·哈耶克：《哈耶克论文集》，邓正来译，首都经贸大学出版社2001年版，第428页。

④ ［英］弗里德里希·冯·哈耶克：《哈耶克论文集》，邓正来译，首都经贸大学出版社2001年版，第429页。

⑤ ［英］弗里德里希·冯·哈耶克：《哈耶克论文集》，邓正来译，首都经贸大学出版社2001年版，第311页。

的学科，当其发展到高级阶段之后，就一定都需要采用适合研究复杂现象的方法，而且经济学在复杂性上还有其独特性。

三、哈耶克对复杂性的定义

哈耶克认为，波普尔从哲学上刻画的主流经济学的典型方法（情境分析）不适用于社会科学诸学科，其原因在于社会科学研究对象在本体论上的复杂性，那么，社会现象的复杂性该如何定义呢？

当今关于复杂性的研究流派众多，代表性的有莫兰（Edgar Morin）的复杂性哲学、普里戈金（Llya Prigogine）的复杂性科学、桑塔菲（Sante fe）研究所的复杂性经济学以及1978年诺贝尔经济学奖获得者西蒙（Herbert Simon）从人工科学（Science of Artificial）的角度对复杂性的关注，等等。对于“复杂性”这一概念，莫兰的定义是，“复杂性是由不可分析的异质构成因素交织形成的东西”；[①] 普里戈金的定义是，“复杂性是系统的一种性质，是在给定边界条件下具有一个以上的可能解”；[②] 桑塔菲研究所的经济学家给出的定义是，“复杂系统是由为数众多的实体构成，这些实体通过规则化的渠道在显著的随机因素影响下相互作用，没有集中化的组织和控制体制”；[③] 西蒙是从组织的层级（Hierarchy）的角度切入复杂性这一主题的，“复杂系统是指由很多部分组成的系统，这些部分之间并非以简单的方式相互作用。在这种系统中，整体超过各部分的总和”。[④]

总体来看，各个流派对于复杂性的定义，在本质上都没有超越哈耶克的范畴。哈耶克认为，简单现象是指反映其特征的典型原理“可以用包含相对较少要素的模型来表示”，[⑤] 复杂现象则是指反映其特征的典型原理

---

① ［法］埃德加·莫兰：《复杂性思想导论》，陈一壮译，华东师范大学出版社2008年版，第7页。

② ［比］伊利亚·普里戈金：《未来是定数吗》，曾国屏译，上海世纪出版集团2005年版，第67页。

③ ［美］赫伯特·金迪斯：《理性的边界：博弈论与各门行为科学的统一》，董志强译，上海人民出版社2010年版，第174页。

④ Herbert Simon，“The Architecture of Complexity”，*Proceedings of the American Philosophical Society*，Vol. 106，No. 6，1962，p. 468.

⑤ ［英］弗里德里希·冯·哈耶克：《经济、科学与政治》，载《哈耶克文选》，冯克利译，江苏人民出版社2007年版，第19页。

“必须用包含相当多要素的模型才能表示”。[①] 关键在于，从简单到复杂并不仅仅是要素数量增多——这种情况只能称为“复杂的无机现象”（Phenomena of Unorganized Complexity）；更重要的是要素之间的相互作用，因为所谓“复杂的有机现象”（Phenomena of Organized Complexity）[②] 是指结构的性质不仅取决于其中个别特征以及它们出现的相对频率，而且取决于各因素之间相互联系的方式。[③]

按照哈耶克的定义，复杂现象的本质属性是有机性，这本是个生物学的概念，指的是整体的各个组成部分彼此关联协调，具有不可分割的统一性。由于社会科学研究的基本元素是人，所以，社会科学中的有机性概念实际上就是哲学上的主体间性概念。主体间性是人与人之间的关系，显然，这是一种具有人文属性的关系，其在本体论上完全不同于自然科学所要处理的物与物之间的关系。于是，我们可以说，经济学的研究对象的复杂性在本质上脱不开经济学的学科性质——其处于自然科学与人文学科之间。

与哈耶克的理解类似但更具可操作性的“复杂性”概念来自 Buckler（1967），他定义了三种系统模型：机械论（Mechanical）模型，关键词是“均衡”（Equilibrium），典型代表是新古典经济学的价格理论；有机论（Organic）模型，关键词是“内稳态”（Homeostasis），典型代表是现实世界中的学校、企业和政府，等等；过程论（Process）模型，又称为复杂适应性系统（Complex Adaptive System）模型，关键词是“演化”（Evolution），社会领域的典型代表是习惯法、自然语言和（非法定）货币[④]。

机械论模型对应了哈耶克在 20 世纪三四十年代所批评的将研究对象抽象还原为纯客观事实的经济学方法论；有机论模型适用于哈耶克在 20 世纪五六十年代对于“选择逻辑”的反思；过程论模型则可用来描述哈耶克在晚年（20 世纪七八十年代）对于社会和文化的演化的关注。

---

① ［英］弗里德里希·冯·哈耶克：《经济、科学与政治》，载《哈耶克文选》，冯克利译，江苏人民出版社 2007 年版，第 19 页。

② 值得一提的是，哈耶克和西蒙在定义复杂性时都参考了 Weaver（1948），而且两者所关注的都是所谓的复杂有机现象。

③ ［英］弗里德里希·冯·哈耶克：《知识的僭妄》，载《哈耶克文选》，冯克利译，江苏人民出版社 2007 年版，第 408 页。

④ 习惯法、自然语言和货币是哈耶克转述奥地利学派创始人门格尔所列举的自生自发秩序（Spontaneous Order）的三个例子。哈耶克认为，由于货币已经被国家所垄断，自发演化的例子已经只剩下习惯法和自然语言了。参见汪丁丁：《行为经济学要义》，上海人民出版社 2015 年版，第 166 页。

四、复杂现象与价值

从研究对象的性质上看，物理学研究采用基于简单现象视角的还原论方法有其天然的优势，因为物理学的研究对象都是无意识的客观存在，不具有主观能动性，故彼此同质。所以，把物理现象视作简单现象，这种适当抽象（如在研究物体运动时假设平面光滑）在很多时候都不会影响物理学理论的有效性。故而从17世纪牛顿经典物理学的兴起直到20世纪初量子物理学诞生的漫长时间里，几乎所有的物理学家都热衷于还原论的建模思路。甚至就连爱因斯坦也不例外，其崇拜还原论模型给自然界带来的确定性，而纠结于相对论（确定性的世界）和量子力学（不确定性的世界）之间的冲突。

与物理学的研究对象的性质相反，经济学研究的基本单元是有自由意志的可思考的人类的生产活动（生产力），以及生产过程中人类彼此间的相互博弈（生产关系）。于是，经济学的研究对象是典型的复杂现象，每个经济活动的个体在偏好和能力等方面异质而非同质，在社会网络中彼此影响而非各自独立（除非考察的是最简单的鲁滨逊经济）。

按照阿马蒂亚·森（Amartya Sen）的概括："复杂性的来源之一是预期人类行为的困难，因为行为可以被大量可变的社会、政治、心理、生理和其他方面因素共同影响。社会科学中复杂性的另一个来源是预期不计其数的具有不同价值观、目标、动机、期望、禀赋、权利、打算和成长环境的人们的交互作用（并且是在广泛的制度设置的可能集下）的结果时固有的困难。"① 据此可知，经济学中的复杂性在本质上源于人的复杂性，即我们必须要解释和预测非完全理性的个体行为以及异质主体间的互动。

面对经济领域中的复杂现象，主流经济学家们习惯采取的最简单的做法是，硬性规定所有人同质且完全理性，于是就可以简单地去求解代表性个体的最优化问题。然而，有限理性（Bounded Rationality）概念在20世纪50年代被西蒙提出以来，完备理性的概念不断受到行为经济学家和实验经济学家的研究结论的挑战。这些研究结论可以归结为：人既不是完全理性

① Amartya Sen, "Prediction and Economic Theory", *Proceedings of the Royal Society of London. Series A, Mathematical and Physical Science*, Vol. 407, No. 1832, 1986, p. 5.

也不是完全自私，理性和公平感都是受特定文化熏陶的结果，故而理性和自利也具有情境依赖的性质。

理性由文化及其内在价值认知所规定的观点符合我们的生活直觉。有时候，在一些人身上发生的某些似乎非理性的行为，并不是源于这些人没有进行理性思考的生物能力，而是因为他们尚未充分理解所处的文化环境的价值标准——特定情境下的“理性”是按照这一价值标准来定义的。东西方人对于吃狗肉的不同态度完全可以从价值观上加以理解。西方国家在文化上赋予了狗一种独特的目的性价值含义——其是家庭的一部分，是我们的家人。但是，中国人在传统上顶多是将狗视为看家护院的工具，至多仅具有工具性价值。所以，中国人认为吃狗肉很正常，西方人则会友邦惊诧。概言之，所谓的“非理性”，从文化背景来理解的话，往往是因为某些行为不符合特定文化背景下的价值观，而不是在思维能力上的生物性缺陷。故而并不是理性决定了什么有价值且其价值几何，而是完全相反，特定文化背景下的价值观决定了理性的概念和理性的适用范围。

一旦我们意识到文化是理性的规定性力量之后，经济人假设就成为新古典经济学具有局限性的标志之一。文化为个人提供了进行经济活动所必需的价值排序清单，这一清单是个人使自身行为理性化的文化背景信息。于是，从不同文化场域走来的个人，其对于何为理性行为的理解必然是各异的，这使得基于单一的经济人假设的新古典经济学模型显得过于不食人间烟火。正如著名的英国文化人类学家——费孝通的老师马林洛夫斯基（Bronislaw Malinowski）所说，“探讨财富和福利、交互和生产方式的经济学，将来也会认识到，不再将‘经济人’与其他追求和思虑完全分开考虑，而是将其原理和论据建立在按人的真实存在来研究人的基础之上，进入到复杂、多维的文化利益场境（Medium of Cultural Interests）中去一展身手”。①社会科学研究应该将“文化作为人类行为的最宽广背景”。②

所以，经济学，准确地说是有助于我们理解自己的生活而非醉心于破解数学难题的经济学，必须讨论并且是集中讨论被长期忽略的价值维度。经济学中任何表面上看来只有单一的物质属性的简单现象，都必须在人际间共享的价值维度下才能有可理解的意义，从而必然是事实与价值相互

①② ［英］B. 马林洛夫斯基：《科学的文化理论》，黄建波等译，中央民族大学出版社 1999 年版，第 30 页。

“缠结”的复杂现象。[①] 根据哈耶克在20世纪三四十年代的批评，经济学的研究对象不是纯粹客观的物质现象，而必然是一种主观的价值现象，故价值维度对于事实维度产生了规定性。又根据哈耶克在20世纪50~80年代的观点，复杂性的社会科学含义是社会有机系统的自发演化，其中的典型是文化演化。文化的演化意味着价值的重新界定，价值的重塑又将会对事实的认知加以再规定，从而对人的心智模式和该模式下的具体选择产生影响。所以，在社会科学领域，复杂现象必然是一种文化现象进而是一种价值现象，复杂现象的演化首先是文化和价值的演化。

第三节　面向复杂现象的经济学

一、涌现与宏观经济学

由前文可知，在经济学领域，复杂性在本质上是人及其相互关系的复杂性。作为经济学的研究对象的人是具有主观的自由意志的异质主体，而不是物理学中纯粹客观的被动单元。除非把所有人想象为完全同质，否则我们就不能以一个代表性个体作为分析对象，因为这个代表是个稻草人。然而，此类还原主义（Reductionism）的建模思路恰恰是新古典经济学的流行方法。这种主流方法论进路的后果是，经济学模型在数学上越来越复杂，

① 进一步说，价值的维度要优先于事实的或物质的维度，前者在经济学中规定了后者的属性。以货币为例，其通常的物质属性是一种印刷了图案的纸张，但是我们显然不能仅从这一层次上理解货币。货币背后蕴含着市场活动参与者在交易中对其的共同接受，这种接受本质上来源于人际交往中形成的共享价值。因为，货币的产生本是一个从无到有的过程，其形式可以是贝壳、金属、纸张，等等，其购买力可以有高有低，而主体间交往形成的价值的聚点共识——休谟（David Hume）和斯密（Adam Smith）称之为“同情共感”——最终决定了货币的形式和购买能力。货币的购买力从来都无法通过政府的权力来强制规定，当货币大量增发时，主体间交往所形成的关于货币的购买力的共享价值会发生变化，从而使得名义货币的实际价值急剧下降。推广之，契约、道德、婚姻、市场、货币等社会科学的概念，都是隐含地由主体间交往所凝结成的共享价值所规定的，而这种价值在更高的层次上蕴含在我们生活于其中的文化环境内。于是，并不是——如很多经济学家所设想并为波普尔用精致的哲学语言所描述的——我们的理性决定了什么是有价值的；相反，我们居于其中的文化规定了什么是有价值的，进而理性应该有何表现。

但却只在黑板上或计算机程序中成立。本该更接地气的经济学理论却离现实渐行渐远，因为其研究的根本不是真实的人类行为而是自己虚构的稻草人。这种方法论上的偏执（情境分析是对其精致的哲学刻画）使得以经济学为代表的社会科学工作陷入了一种十分尴尬的境地：一方面，它患有严重的“物理学嫉妒症”，但是对于物理学的认识却停留在了牛顿时代，完全忽视了现代物理学已经进入了复杂性研究的前沿；另一方面，在哲学观上，经济学家们仍然相信可以从科学世界的视角来看待一切，对于20世纪以来发生的哲学家看待世界的视角转换，经济学家们实在过于后知后觉了。于是乎，过时的科学知识与陈旧的哲学观的互补造就了脱离现实的方法论，经济学家们把自己的研究对象勉强地打扮成简单现象，希望按照还原主义的方法得出明确而精准的预测。

相比于微观经济学领域，宏观经济学研究受还原论模型的荼毒更为深重，因为宏观经济学研究的是市场中异质个体间交互博弈的整体结果，即人际间交往的复杂性加总问题。对于理解宏观经济现象，还原论方法是行不通的，因为其本身就是加总而非还原问题。就好比我们不能通过在显微镜下观察一滴海水来推测海洋的潮汐规律。宏观的总需求—总供给模型更像是一个描述性模型而非解释性模型，其给出了宏观均衡的结果但却解释不了形成均衡的原因。国民产出、失业率、通货膨胀率等指标只是宏观经济波动的结果，而不是造成宏观经济波动的原因本身。

从复杂系统科学的观点看，宏观经济现象，尤其是重大的宏观经济形势变化（如金融危机），是异质个体间交互作用所引发的涌现（Emergency）现象，并不是微观主体行为的简单加总。即是说，对于宏观经济学来说，1+1往往不等于2。以一个自然界的常见物——水为例，水的分子式是H_2O，其由两个氢原子和一个氧原子构成。水的性质不能由原子来揭示，而只能在分子层面才能体现，因为其在原子层面表现为气态，分子层面则是液态。因此，宏观经济中具有涌现性质的现象就好比分子状态的水，都不能用还原论的思路加以理解：涌现意味着1+1有无限可能的取值区间，故整体不是各部分之和（宏观经济学中称之为“加总谬误”），甚至在整体层面完全无法再见识个体层面的性质（如储蓄是个体的美德却在宏观上会引起总需求不足）。宏观经济学研究应该关注复杂系统动力学，而不是代表性个体的最优选择。遗憾的是，主流宏观经济学在方法上并不重视复杂现象的涌现性质，并且早已遗忘了宏观经济学创始人凯恩斯（John Maynard

Keynes）的人具有“动物精神”（Animal Spirits）的洞见（直到近年来行为宏观经济学的兴起才让我们重视凯恩斯的观点），故而主流的宏观经济学理论无力对经济景气的重大变化进行解释和预测并不奇怪。

从微观基础看，目前主流宏观经济理论所设定的微观单元是简单的同质性个体，忽略了行为人心智模式的多样性，甚至假设微观个体具有全知全能式的超级理性。相反，基于行为人（Agent - based）的异质主体模型“假定行为人有不同的收入和能力，分布于不同的空间和时间。他们的行为会影响他们所处的社会和经济网络中的行为人。行为人没有最优化一些假设的目标函数，如某个时期的利润或终生收入，而是遵循在市场中求生存或谋求成功的规则”,[①] 宏观经济因此是由微观行为的演化博弈所构成的复杂系统。

异质主体的复杂系统模型并不能保证可以准确预言危机，但它却可以让我们走出黑板经济学的虚拟世界，对真实世界的宏观经济规律有更真切的理解。它可以“提供一个可选择的透镜使我们能制定规则、法律、激励和制度，同时也鼓励发展生产性的社会规范，以降低金融危机发生的可能性和严重程度”。[②] 比如说，在复杂模型中，存在个别主体的后果不确定行为的模仿和累积效应，一旦这种演化超出某一阈值水平，即可能引起突变，意味着经济危机的爆发。这种微观主体交互演化作用的结果可以用来解释房地产泡沫、股市泡沫等对宏观经济有重大影响的现象。而如果按照新古典经济学，市场活动者具有完全理性预期，那么这种在长期看几乎对所有人都不利的现象根本不可能发生，故而现有的宏观经济理论对危机缺乏解释和预见力并不奇怪。

虽然近代以来的社会科学，尤其是主流经济学基于理性原则的模型在理论上可以产生精确的可预测的均衡，但是这种将经济活动还原为简单现象的研究范式，只是关于复杂现象的社会科学范式的一个特例（其假设了一个每个人同质地具有完全理性且市场运行与价值因素无涉的乌托邦式的基准模式）。这种模式否弃了心智中的非理性因素，人为切断了经济学理论与真实世界的联系，无法正确理解人类的行为多样性和复杂性，从而忽略

---

① ［美］瓦拉德拉扬·查里、大卫·科兰德、斯科特·佩奇、罗伯特·索洛：《建立现实世界的经济学》，潘玮译，载《比较》第 54 辑，中信出版社 2011 年版，第 65 页。

② ［美］瓦拉德拉扬·查里、大卫·科兰德、斯科特·佩奇、罗伯特·索洛：《建立现实世界的经济学》，潘玮译，载《比较》第 54 辑，中信出版社 2011 年版，第 66 页。

了金融市场上过度投机等机会主义行为，无法解释市场泡沫不断扩大以致商业的最终崩溃现象。我们不能指望新古典经济学，尤其是其宏观理论还能够在对经济规律的认识中起到突破性作用，因为它的研究方法就好比通过观察装进桶中的水来研究水的流动。现有的宏观经济理论无法预警、防止甚至解释金融危机是由其研究范式的内在缺陷所决定的——根本错误在于对人类行为进行单一化先验设定，从而导致经济学无法处理真实世界中的宏观经济涌现现象。

行为经济学和实验经济学的大量工作已经证明了人类的理性是不完备的，从而从经验角度证伪了“经济人”假设；对于理性概念的文化哲学分析则说明了理性是情境依赖的，从而在哲学维度上超越了对理性概念的纯生物学理解。于是，一个非常明显的事实是，人并不是一种具有完备理性的生物。① 但是，关于如何基于非完备的情境理性构建有足够解释力的模型，从而为解释新古典经济学理论无法回答的经济问题提供新的可能，经济学家们还有大量的工作要做。从范式转换的角度看，基于简单现象的经济学模型之于基于复杂现象的经济学模型的关系正如牛顿物理学是爱因斯坦相对论（在极低速度下）的一个特例一样。从方法论视野看，以复杂现象为研究对象的经济学理论可以为增强我们对人自身和人所组成的社会的理解提供新的可能。

二、证伪与复杂现象

复杂经济现象的涌现性质代表了“正反馈”（Positive Feedback）机制，这引出一个新的问题——正反馈下的均衡是不确定的，不具有标准理论所追求的均衡的最优性、稳定性和唯一性。理论的可证伪性直接取决于均衡的特征，但理论解决问题的能力却与理论的解释和预测力有关。新古典经济学按照情境逻辑建模，虽然可证伪性很强，但却在预测重大宏观经济波动上力有不逮。相对而言，基于复杂现象的经济学理论在可证伪性上存在限制，但却可以为认识宏观经济的重要现象打开新的窗户。

一方面，基于复杂现象的模型将异质主体的行为及主体间的互动引入

① 即使我们假设人类具有完备理性，蝴蝶效应告诉我们，所处环境的任何微小的不确定性变动都会导致迥异的后果，只需要一瞬间，你的百分百准确的预测就会变成百分百的胡言。

了模型，这加剧了模型均衡的不确定性，从而降低了理论在经验上的可证伪性。

在许多社会科学研究领域以及某些自然科学领域，具有模糊性的不确定知识可能就是科学研究所能获得的理论知识的最佳形式。如果我们既没有计较地质学家无法精确预测地震；也没有责难气象学家的天气预报总是失准；更没有因为生物学家的进化论无法给出对人类未来样貌的确定预测就转而相信上帝造人；那么，我们对基于复杂现象的经济学模型的预测能力也不该责全求备。具有模糊性的预测被哈耶克称为“模式预测”（Pattern Prediction），[①] 其往往是一种否定而非肯定式的预测，即“某些事情不会发生的否定性预测（Negative Predictions）”和“这样或那样的现象不会同时发生的预测”[②] 虽然得出的是模糊而非精确的结果，“模式预测仍然能够被证伪，并且因而仍具有含经验意义的内容”。[③] 例如，假设天气预报告诉我们明日不下雨的概率是 50%，这一预测虽然在可证伪性上较弱，但仍然是具有经验含义的，并且对我们安排明日的行程大有帮助。

另一方面，基于复杂现象的模型可以从新的角度对宏观经济现象加以解释，从而增强了理论解决现实经济问题的能力。

复杂模型能够容纳群体中多数人对于少数人的偶发的投机行为的模仿和累积效应，在微观层面上一旦循环积累因果（Cumulative Causation）的水平超过了某一限度，就意味着在宏观层面上可能发生突变——不利的突变便是经济危机。利用这种基于复杂现象的宏观经济模型，我们有可能会对金融危机之类的宏观经济突变给出新的视角的解释。进而说，基于复杂现象的模型可以“提供一个可选择的透镜使我们能制定规则、法律、激励和制度，同时也鼓励发展生产性的社会规范，以降低金融危机发生的可能性和严重程度”。[④] 这是基于简单现象的情境模型所无法解决的问题。

于是，不同于以简单现象为研究对象的情境分析模型，以复杂现象为

---

① 芝加哥学派的奠基人奈特（Frank Knight）在预测问题上也持有相同的观点。

② ［英］弗里德里希·冯·哈耶克：《哈耶克论文集》，邓正来译，首都经贸大学出版社 2001 年版，第 277 页。

③ ［英］弗里德里希·冯·哈耶克：《知识的僭妄》，载《哈耶克文选》，冯克利译，江苏人民出版社 2007 年版，第 414 页。

④ ［美］瓦拉德拉扬·查里、大卫·科兰德、斯科特·佩奇、罗伯特·索洛：《建立现实世界的经济学》，载《比较》第 54 辑，潘玮译，中信出版社 2011 年版，第 66 页。

研究对象的模型可以为解释宏观经济的异常化的重大波动打开新的窗口，并可以基于新的理论提供对应的政策建议（虽然说由于复杂现象模型只能做出模式预测，故所有的政策建议都只能是制度和结构层面的）。此时，理论的可证伪性成为了一个相对次要的问题。正如哈耶克所说，以复杂现象为研究对象的理论“唯有作为一个整体的理论体系而不再是它的一部分才能够得到真正的证伪”。[①] 这意味着，需要经受证伪检验的是这种理论解决问题的能力，而不是该理论的具体命题。

哈耶克早在20世纪60年代就已经意识到，科学理论要在可证伪性与解决问题的能力之间进行权衡，而部分经济学家固执地追求理论的经验含义和精确的可证伪性已经使得经济学方法论被引入歧途——“导致从现象中选出一些因为恰好能够计算但最不相关的因素进行研究，而且导致对一些根本没有意义的数值的‘计算’和排列”。[②] 对于哈耶克来说，唯科学主义对经济学研究最具负面性的影响即体现于此，偏执于可证伪性会过度影响理论解决问题的能力。按照科学哲学的观点，在可证伪性上的让步并不是对波普尔传统的背弃。在波普尔的科学哲学体系中，科学理论的检验依赖于批判，而以证伪为目标的经验检验只是进行理论批判的方式之一。波普尔在说明其科学研究的方法论观点时已经有了相当清晰的阐释：“在经验科学（Empirical Science）中，证伪实验（Falsifying Experiment）是引出新问题的典型方式之一。但是还有其他的典型方式。例如，可以通过理论内部检查发现理论的内在困难，或者我们可能已经很成功地处理了各种问题，用不同的理论解决了每一个问题，不过却发现这些理论中的一些是互不兼容的。”[③]

---

① ［英］弗里德里希·冯·哈耶克：《哈耶克论文集》，邓正来译，首都经贸大学出版社2001年版，第277页。

② ［英］弗里德里希·冯·哈耶克：《科学的反革命：理性滥用之研究》，冯克利译，译林出版社2002年版，第74页。

③ Karl Popper, “Models, Instruments, and Truth”, in M. A. Nottorno, ed., *The Myth of the Framework: In Defense of Science and Rationality*, London: Routledge, 1994, p. 62.

第四节　小结

波普尔的情境分析所能覆盖的经济学内容只不过是整个经济学理论大厦的一个小的子集——完全理性的个体在约束条件下追求最优化。在实际效果上可能情境分析也并不是一种有效的方法论策略。[①] 波普尔式的对简单现象的单向度关注是与哈耶克思想的本质相悖的。虽然哈耶克并不排斥研究简单现象的方法，而是认为它与研究复杂现象的方法可以互为补充。但是，哈耶克还是认为，一点一滴地深入到较为复杂的现象之中是许多学科进步的标志。实际上，基于霍金（Stephen Hawking）和普里戈金（Llya Prigogine）等人的努力，物理学也已经摆脱了确定性的束缚，进入了研究结果的概率可能性的复杂现象领域。在研究复杂性的领域，新的经济学范式和非线性物理学存在对应的关系："经济学的多重均衡，不可预测性，锁定，无效率，历史路径依赖和非对称性；对应着物理学中的多重非稳定状态，非预测性，相位或模式锁住（Phase or Mode Locking），高能基态（High - energy Ground States），非遍历性（Nonergodicity）和对称性阻断。"[②] 面对复杂的经济现象，经济学家们应该借鉴的是21世纪的物理学而不是牛顿时代的物理学，且必须坚持"拿来主义"，有利于已的就拿过来，不利于已的就坚决舍去。在这种新范式中，经济学将更加重视"人"及其"价值"维度，把自然科学所采用的复杂现象分析方法（如实验和仿真等）当作自身工具箱的一部分。

关注简单现象和复杂现象的社会科学方法论的对比见表2-1。

① 不过，按照波普尔和拉卡托斯等科学哲学家的看法和我们对于科学史的直接观察，科学领域的传统理论不会因为解释力的不足和经验预测的失准而被替代，除非科学界公认已经找到了更好的理论——在当时的环境下意味着更强的解释力和预测力。

② Brain Arthur，"Complexity and the Economy"，*Science*，New Series，Vol. 284，No. 5411，1999，p. 108.

表 2-1 关注简单现象和复杂现象的社会科学研究方法的差异

研究对象 研究方法	简单现象	复杂现象
认识论进路	从假设出发，从未知到已知和可观察的情况；对归纳逻辑的完全否定	从直觉和现象出发，从已知或熟知到未知；对归纳逻辑的适当重拾
与物理学方法论的关系	社会科学完全可以仿照物理学的方法进行研究	社会科学与物理学在研究对象上有本质的差异，前者对后者的借鉴应该先保持自身的独立性
作为参照系的学科	牛顿所代表的经典物理学；认为经济现象与线性物理现象一样简单而精确	演化视角下的生物学和非线性物理学；认为经济现象与生物演化和非线性物理现象同样甚至更加复杂而不确定
对理论基本单元的设定	同质的完全理性的个人，类似于物理学中原子水平上的绝对的客观存在	异质的不同心智的个体和其主体间交互博弈的涌现性质
与证伪主义的关系	理性原则先验免于证伪，而模型的假说性预测可以和需要进行证伪检验	只能做出不可精确量化的模式预测，但是仍然可以在较弱的意义上证伪

由表 2-1 可知，看待经济学方法论与物理学方法论之间的关系时应该一分为二：一方面，两者确实有很多相似和共通之处；另一方面，也不应该将两者完全等价。波普尔的情境分析强调了第一个方面，却忽略了第二个方面。所以，波普尔的情境分析所概括的只是社会科学，尤其是经济学的完整研究范畴的一个子集。金融危机的爆发、蔓延和余波未平已经证明了遵循情境分析的经济学研究纲领是退化的。这种退化的本质原因在于只对简单现象按照情境逻辑建模遮蔽了社会科学作为人学的特征。包括经济学在内的一切社会科学的研究对象毕竟是人与人和人与物之间的关系，而不是物与物之间的作用。于是，人的个体差异性和个体行为聚合成整体现象的互动过程是经济学不同于自然科学的研究主题。

正面接纳这种差异性对于经济学家和科学哲学家都会有所启示。对前者来说，经济学家们应该更多地思考自身学科的特殊性，而不要继续对此掩耳盗铃，甚至顽固地坚持物理主义迷信，做一个只会孤芳自赏的“轮椅上的经济学家”。对于后者的启示在于，科学哲学家们不应该再把社会科学排斥在他们的研究范围之外，也不应该仍认为科学哲学对经济学的影响只是单向的，即提供了“科学哲学的货架”（Shelf of Scientific Philosophy）。经济学与科学哲学的作用是交互的，经济学也可以为科学哲学的发展提供思想启发和科学史史料，并且研究经济学可以帮助科学哲学家们意识到许多在物理学领域难以关注到的问题（如作为经济学的基础元素的人类主体拥有策略和远见）。如果真能如此，那么我们就得到了从方法论角度批判“情境分析”的最珍贵的意义。

在结束了第一章和第二章中对经济学的哲学性质的整体思考后，接下来，本书将讨论经济学的经验检验和预测问题。之所以专门将这一问题加以独立分析，是因为从科学哲学的角度看，经验上的可检验性和预测的成功是区分科学和非科学的最重要的标准。而恰恰是在这一科学准则问题上，经济学自身的特殊性决定了其无法被视为硬科学。

第三章　经验检验与经济学的科学性的判断

20 世纪以来，随着经济学中科学主义追求和工程学传统占据了主流，经济学家们不顾一切地向自然科学尤其是物理学的研究方法靠拢，直接表现为经济学的数学化趋势和计量经济学的发展。自以为成功的经济学家们自诩为社会科学中的物理学。然而，2008 年金融危机的爆发及其影响持续至今教育了经济学界的盲目乐观派们：经济学在此次金融危机中并没有如愿地预测出危机的爆发及其后果，而这本应当是任何以经验检验作为划界准则（Demarcation Criterion）的科学理论的题中应有之义。于是，我们必须反思：为什么经济学会演变为一门强调经验可检验性和理论的预测能力的实证科学；经验检验作为经济学（也包括其他科学）的压倒性的科学准则是否合理，面对着什么样的困难；若不合理，则原有的对于经济学的科学性质的证明手段就不再适用，那么又该如何结合金融危机的背景重新理解经济学的性质；同时，经济学该向何处去，该如何正确对待“经验检验—预测”在经济学体系中的地位。

第一节　经济学是如何成为一门实证科学的

一、古典经济学与先验方法

回顾 1776 年（《国富论》出版之年）之后的经济思想史，经济学在相当长的一段时间内（至少是整个古典经济学时期）被认为只能采用“先验方法”（à Priori Method）。因此，经济学在方法论上不关注经验检验问题，至少说经济理论的优劣不能以经验研究的结果作为判据。

1827年西尼尔（Nassau Senior）出版的《政治经济学导论》可能是最早对经济学方法论问题加以专门讨论的著作。西尼尔建立了一套“演绎—先验”的方法论传统：从若干先验性的逻辑前提假设出发，演绎出整个经济学体系。

完成了经济学的第一次综合的约翰·密尔（John Mill）确立了“先验方法”在古典经济学中的方法论统治地位。在密尔看来，经济学属于道德科学（Moral Science），其是与那些物理科学（Physical Science）有相反性质的学科。道德科学与物理科学的重大差别在于，经济社会活动中的因果性更为复杂，涉及的变量更多。因此，与物理科学适用归纳法相反，道德科学只适用于演绎法。也就是说，作为道德科学的一种，经济学需要建立在对人类行为的属性的先验性质的逻辑前提假设之上。这些假设可以是失真的（密尔最先提出了经济人的概念，但密尔认为经济人假设的应用范围应该被严格限制于牟利的经济活动领域①），“政治经济学的理论来源于假设的前提（Assumed Premises），这些假设可能完全与事实基础无关，也不必假装与事实存在普遍的一致”。②

作为密尔的弟子，凯尔恩斯（John Cairnes）继承和发展了其老师的先验经济学方法论。在他1875年出版的《政治经济学的特征和逻辑方法》中，凯尔恩斯指出，经济学不适用于实验方法并不是经济学的缺陷，相反，这是经济学的幸运和优点，经济学家们可以只借由内省而发现经济规律。

需要指出的是，古典经济学家们并没有一味地反对经验检验，而是在

---

① 在更广泛的社会领域，密尔和其所代表的古典功利主义者设定的目标是社会效用总和最大化，即实现“最大多数人的最大幸福”（The greatest happiness of the greatest number）。这一原则最早由18世纪苏格兰启蒙运动的奠基人哈奇森（Francis Hutcheson）提出，然后被边沁（Jeremy Bentham）发展成为道德和立法的基础。这一名言的最早表述出现在哈奇森1725年所发表的“An Inquiry into the Original of our Ideas of Beauty and Virtue”，其原文是“That action is best which procures the greatest happiness for the greatest numbers”。就是说，古典政治经济学中的“经济人”的含义实际上类似于拉丁文中“好家长”（Paterfamilias）的概念；与此相反，当前的新古典经济学将作为研究对象的人设定为一种在商品投入和效用产出之间做线性转换的简单机械。

② John Mill，“On the definition of Political Economy; and on the Method o f Investigation Proper to it”，in John W. Parker ed.，*Essays on Some Unsettled Questions of Political Economy*，London：West Strand，1836/1844（Reprint），p. 144.

对经验检验的功能的理解上与当代学者有所不同。经验检验对于古典经济学家来说只是划定理论适用边界的手段，而非对理论的正误加以判定的根据（对于新古典经济学家来说，理论永远是先验正确的）。古典经济学家们的兴趣在于通过经验检验来辨明“干扰因素”（Disturbing Factors）可否解释理论与现实之间的不相符。如果可以解释，则说明理论是正确的，只是在运用上要纳入对“干扰因素”的考虑，并因而要重新思考理论适用的边界。

西尼尔、密尔、凯尔恩斯等人相继的工作共同确立了先验方法在古典经济学中的方法论核心位置，这一方法论传统可以被定义为“西尼尔—密尔—凯尔恩斯传统”。

二、新古典经济学与实证方法

1890 年《经济学原理》的出版，标志着马歇尔（Alfred Marshall）成功地对经济学进行了第二次综合，新古典经济学范式的初步框架正式得以确立。不过，对经验检验问题的态度的转折性变化一直到 20 世纪 30 年代才发生。受到当时正如日中天的逻辑实证主义哲学思潮的影响，罗宾斯（Lionel Robbins）在《经济科学的性质和意义》这本著作中将无法实证的价值问题从经济学研究范围中剔除出去，将有经验含义视为能够成为经济学的研究对象的必要条件。相对于古典经济学来说，罗宾斯的方法论观点改变了经济学的研究传统，把经济学中的伦理学和工程学二重面向变为只剩下工程学的单一维度。

20 世纪 50 年代初，弗里德曼在《实证经济学方法论》中发展了罗宾斯的工作，其贡献在于明确指出应该用经验事实来检验理论，检验结果是理论正误的最终判据。于是，对理论预测的经验检验成为了经济学研究中的压倒性准则。弗里德曼在方法论上的观点受到了波普尔的影响，波普尔和弗里德曼一致认为，检验理论预测是唯一重要的评估理论的方法论途径。故而，《实证经济学方法论》相当于是向懒于阅读科学哲学专著①的经济学

① 波普尔的代表作《科学发现的逻辑》的英文版出版于 1959 年（原初的德文版出版于 1934 年），而弗里德曼《实证经济学方法论》则发布于 1953 年。美国经济学界即使有人阅读了波普尔的原著，那么这种影响也只能说是姗姗来迟。

家们输出了“一种粗糙的、迷你版的波普尔”①。对此，经济学方法论专家布劳格有所总结：“波普尔对现代经济学产生了巨大的影响，其影响大于任何其他科学哲学家。这并不是因为很多经济学家都读波普尔。相反，他们读弗里德曼，而弗里德曼只是应用于经济学的扭曲的波普尔。”②

从哲学基础上看，罗宾斯和弗里德曼分别遵循了逻辑实证主义和证伪主义。这两种哲学态度的关系颇为复杂：证伪主义曾经被误认为是一种特殊的逻辑实证主义（包括维也纳小组③的部分成员也有此误解）。实际上，基于对归纳主义的毁灭性批评，波普尔的证伪主义成功地颠覆了逻辑实证主义在科学哲学领域的统治地位。虽然如此，在以对理论预测的经验检验作为压倒性的理论优劣判断标准的问题上，证伪主义者与逻辑实证主义的态度是完全统一的。基于此，我们可以把新古典经济学的实证主义或者说经验主义方法论传统称作“罗宾斯—弗里德曼传统”。

第二节　以经验检验为压倒性准则要面对的普遍困难

不论是对于经济学还是任何一门科学的研究来说，以经验可检验性为压倒性的科学准则都要面对三种普遍困难：判断理论的好坏有很多非经验的标准；科学理论并不一定具有强的经验可检验性；即使可以进行经验检验，检验的结论也具有不完全决定性。

一、非经验的科学理论检验标准

通过对自然科学史和实际科学工作的考察我们可以认识到，许多理论实际上并不是基于经验检验而被拒斥的。因此，我们不应该事先限制人类将可以拥有什么样的检验方式。

---

① Mark Blaug, “Not only an Economist: Autobiographical Reflections of a Historian of Economic Thought”, *American Economist*, Vol. 38, No. 2, 1994, p. 22.

② Mark Blaug, “Not only an Economist: Autobiographical Reflections of a Historian of Economic Thought”, *American Economist*, Vol. 38, No. 2, 1994, p. 23.

③ 波普尔参加过维也纳小组的活动。

在世的最著名的哲学家之一普特南（Hilary Putnam）挖掘了盎格鲁—美利坚实用主义（Pragmatism）的思想资源，他提出，价值和规范渗透在一切经验之中。一致性（Coherence）、似然性（Plausibility）、简化性（Simplicity）、美观性（Beautifulness）、合理性（Reasonableness），等等，都属于认知价值（Epistemic Values）。[①] 从科学哲学的视角看，认知价值是科学假说（Hypothesis）得以成立的前提条件，其在性质上与伦理价值是非常相似的。

不仅是哲学家认为科学中存在非经验的标准，从事实际研究的科学家也持同样的观点。著名物理学家霍金（Stephen Hawking）在《大设计》中提出了用四个标准来定义好模型：①优雅（Elegant）；②任意或者可调整的元素极少；③符合且能解释已有的观测；④可以给出对未来情况的详细预测。其中“优雅是指理论的形式，其与去除需调整元素密切相关，因为一个充满了修补的因素的理论并不优雅”。[②] 显然，第一和第二个标准都是关于认知价值的内容。

与物理学类似，经济学理论的评价标准也是非常多元的。2001 年诺贝尔经济学奖获得者斯蒂格利茨（Joseph Stiglitz）从一个经济学家的视角提出了理论的评价标准，它们分为内部和外部两组。外部准则（External Criteria）与逻辑实证主义者或波普尔主义者对于科学理论的要求类似，包括：可检验性（Verifiability）、外部一致性（External Consistency）、外部完全性（External Completeness）、特定性（Specificity）、预测力（Predictive Power）、普遍性（Generality）等；内部准则（Internal Criteria）则属于认知价值，包括内部一致性（Internal Consistency）、简单性（Simplicity）、完全性（Completeness）等。[③]

哥白尼的日心说是认知价值在理论选择中发挥作用的一个合适的例子。哥白尼的学说相对于托勒密的地心说更不符合人的日常经验直觉，并且当时在预测准确性上也没有任何优势。日心说获得成功的关键在于能满足理论的简单性，其可以相对简洁地解释当时绝大多数天文现象（而地心说则诉诸添加越来越多的“本轮”），从而显得比托勒密的理论更加优雅。

---

① Hilary Putnam, *The Collapse of the Fact/Value Dichotomy*, Massachusetts, Cambridge: Harvard University Press, 2002.

② Stephen Hawking and Leonard Mlodinow, *The Grand Design*, New York: Bantam Books, 2010, p. 48.

③ Joseph Stiglitz, "The New Development Economics", *World Development*, Vol. 14, No. 2, 1986, pp. 257 – 265.

新古典经济学对于古典经济学的胜利是另一个认知价值起作用的例子。新古典经济学将研究对象还原为单纯追求效用最大化的同质个体，取消了古典经济学中涉及的道德和文化等使得经济现象复杂化的主题，从而可以更为方便地使用微积分等数学方法。因此公道地说，起码从形式上的优雅性和美感来看，新古典经济学无疑要优于古典经济学。但是，如果以预测能力这一更重要的科学标准来衡量，新古典经济学的科学性很难不被诟病——越是重要的经济现象其预测就越容易失准。当我们看到了新古典经济学在2008年金融危机中的表现之后，我们又怎敢断言新古典经济学比起古典版本在科学性上取得了显著的飞跃呢。

二、经验检验不是科学发现的必要前提

当我们暂时不考虑认知价值问题，而以经验可检验性作为最根本乃至唯一的科学准则时，我们仍将发现一个新的尴尬：从理论中推导出的每个命题都具有可检验性的要求显然与科学史的特征事实不一致。

科学理论的创新要求先大胆假设，再小心求证，即是说，相应的“实验性检验方法和证明手段是在理论进入成熟阶段的过程中逐渐形成的”。[①] 哥白尼的日心说、牛顿的万有引力、爱因斯坦的相对论，在创立之初都没有先在经验检验方面压倒传统理论，而是先在理论本身的精致性上被学术共同体所接受；宇宙大爆炸学说目前基本上还停留在纯粹的理论假说的状态，但我们显然不能因为尚且无法进行经验检验而否定该理论的重要性。如果非要将经验检验作为压倒性的准则，那么绝大多数的科学理论都会在萌芽阶段被扼杀。

从经济学的角度看，正如前文所述，自经济学诞生以来，这一学科曾经长期被认为不可能进行科学划界意义上的经验检验。显然，我们不可能完全否定“西尼尔—密尔—凯尔恩斯传统”下的经济学家们的工作的价值，即我们不能够因为他们的工作不要求对理论加以经验检验就声称这些工作是无意义的和非科学的，除非我们先验地把经验可检验作为唯一的科学划界准则。

---

① Hilary Putnam, “The ‘Corroboration’ of Theories”, in P. A. Schilpp ed, *The Philosophy of Karl Popper*, LaSalle: Open Court Press, 1974, p. 57.

三、不存在完备的判决性检验

即使再放宽一步，假定所有科学理论的命题都可以进行经验检验，检验的结论也具有不完全决定性，这就是“迪昂—奎因论题”（Duhem - Quine Thesis）。

按照“迪昂—奎因论题”，经验推测的推导通常涉及一个假设集合，包括一系列初始条件（Initial Conditions）和辅助性假设（Auxiliary Assumptions）。初始条件指的是已知的经验状况或设定的前提。辅助性假设则起码包括以下要求：干扰事件不会发生；对辅助参数的正确设定；误差项不属于结构性问题；实验设备正确发挥功效。于是，对预测的经验检验就成为了一个联合检验。联合检验存在一个致命的麻烦：通过否定经验证据，我们无法再否定“作为理论结果的假说”，我们仅能否定由初始条件、辅助性假设和“作为理论结果的假说”这三部分内容所构成的集合，而不可能鉴别集合中的哪一个部分应该对预测的失败负责。

“迪昂—奎因论题”为经济学中既有的用于避免理论被经验检验彻底推翻的设计提供了科学哲学依据。传统上，经济学家对于经济学理论的适用条件是有界定的，即要求“其他条件保证不变”和“干扰因素”（Disturbing Influence）不起决定性的作用。一旦理论不被经验事实所支持，经济学家们马上就可以拿出“其他条件保证不变”的条件，指出被证伪的原因是该条件被违背了，因而“干扰因素”扭曲了经济学理论的推测。比如，2008 年中国的经济低谷是大多数经济学家们在 2007 年时没有预期到的，很多经济学家都把理论预测失败的原因归咎于美国金融危机所带来的外生冲击。“其他条件保证不变”也可以理解为要求“初始条件”（Initial Conditions）和“辅助性假设”（Auxiliary Assumptions）不变。一旦出现证伪，也仅是意味着需要修改“初始条件”和/或“辅助性假设”，而不是彻底推翻理论。于是，“其他条件保证不变”这一从句似乎可以成为逃避一切严格证伪的护身符，从而回避了对于理论硬核的挑战。即是说，依靠经验检验，经济学家和其他学科的科学工作者们虽然能够证明理论有问题，但却难以判断问题出在何处。

严格的证伪原则在“迪昂—奎因论题”面前也不得不有所软化。波普尔承认“事实上从来就不曾出现对于一项理论的彻底性的证伪”,[①] 他应对“迪昂—奎因论题”的策略是退一步——允许科学家们使用“免疫策略”(Immunization Strategy),但要求他们必须在使用时遵守方法论规则的限制。在波普尔看来,“方法论规则(Rules)应该被视为惯例”。[②] 即是说,方法论规则所代表的是在科学研究传统中沿革下来的认知价值的标准,这些标准并不能被波普尔的经验检验(对于他来说是对经验化预测的证伪)压倒一切的要求所涵盖。

第三节 经济学中的经验检验所要面对的特殊困难

在经济学领域应用可经验检验的原则——除了要应付一切实证科学共存的普遍性(General)困难外——还要应付该学科的特殊研究对象及其造成的局部性(Local)困难。

一、经济学研究主题的多元性

弗里德曼在经济学方法论方面的工作——强调对于预测的经验检验——实际上是把对于经济学的理解局限在了一个很狭隘的空间中,即只能代表经济学中科学主义和工程学传统的方法论要求(而且是其中的一个特定版本)。如果对于经济学的思想传统及其研究领域有更为全面的了解的话,我们就会发现,将经验可检验性作为评判经济学理论的压倒性准则是极不充分的,其结果将导致对于经济学学科性质的扭曲。

基于对经济学思想传统和研究领域的更好理解,哈佛大学的哲学和经济学双料教授,1998年诺贝尔经济学奖获得者森(Amartya Sen)指出,虽然相互关联,经济学仍可以视为由三个不同的研究主题构成:①预测未知或对过去的事件提供因果性的解释;②对过去和现在的事件进行合适的描

---

①② Karl Popper, *The Logic of Scientific Discovery*, New York: Harper Torch Books, 1959, p. 50.

述；③提供对状况、制度和政策的规范评价。[1]

从经验检验的角度看，第一部分的经济学必然具有可经验检验的含义和内容。对于第二部分的经济学，一些描述性的陈述包含潜在的预测性理解，如“完全竞争市场”隐含对企业利润状况的可经验检验的预测；另一些描述性陈述则不具有预测含义，如对“当期的通货膨胀下降与否”的描述。第三部分的经济学显然涉及价值问题，不可能加以经验检验。

因此，可检验性并不是我们应该期望所有的经济理论必须具有的属性，很多经济理论很难有时甚至在原则上无法检验。经济学中除了可定量操作的部分，还有无法定量化的对意义和价值的表述。如果有人担心经济学的某些部分无法检验，那么这反映了他没有理解经济学研究主题的多样性。

研究主题的多样性源于经济学传统的多样性。现代经济学有两个不同的传统：其一源于哲学，尤其是伦理学；其二源于自然科学和工程学。两个传统共生演化的结果是——经济学成为一门杂交学科。从哲学的视角看，这意味着经济学中同时存在事实与价值两个维度的内容，并且事实与价值之间彼此“缠结”（Entanglement）。正如我们在第一章中所论述过的，经济学中几乎所有命题都包含着这两项内容。

从可检验性的角度说，“缠结”会引发两种情况：当事实的内容占主导时，此命题往往是可以进行经验检验的，但事实背后也含有价值判断的成分；当一个命题以价值的内容为主导时，则通常无法进行经验检验，然而价值判断往往也与事实相关。

我们先举例说明第一种情况，我们说“欧洲国家目前的失业率很高”，这一命题显然可以通过登记失业率等统计指标进行检验。但“失业率很高”这样一个表面上纯粹的事实命题中也具有价值判断的含义，当我们问一个人目前欧洲的经济情况时，他只要回答“失业率很高”，我们就明白了。在这样一个事实陈述的背后，隐含着经济情况“很差”这样一个强价值判断。

我们再举例说明第二种情况，我们说“收入分配变得更平均的社会是一个更好的社会”，这一命题肯定是无法检验的，因为所谓“好”是一个价值判断非常强烈但又存在几分模糊性的概念，每个人对于这一概念的理解可能都不一样。但是，规范命题的稳健性依赖于事实的属性，如果收入平

---

[1] Amartya Sen, “Economic Methodology: Heterogeneity and Relevance”, *Social Research*, Vol. 71, No. 3, 2004, pp. 583 – 614.

均是靠使用血腥手段抢夺勤劳致富者实现的，那么这是否是一个更“好”的社会就大可商榷了。并且，规范命题的事实前提是可以检验的，收入分配是否真的变得更平均完全可以通过各个阶层的收入水平的变化来检验，虽然命题整体是无法检验的。

继承第一个传统的经济学家认为经济学更接近哲学，是一个“学科”(Discipline)，而非一门“科学”(Science)；而在第二个传统内的经济学家则把模仿近代物理学的研究方法作为目标。遗憾的是，20 世纪 30 年代以来，随着强调经验检验的哲学观点（包括逻辑实证主义和证伪主义）在经济学界的影响日益扩大，经济学家们似乎忘记了经济学本质上是一门杂交学科，第二个传统在学界成为了压倒性的主流。泛滥于经济学界的对于经验可检验性的执着显然是这一传统的一种极致表现。

二、经济现象的复杂性与模式预测

经济学中存在不可进行预测（无法经验检验）的主题，并不意味着通过经验手段检验经济学的预测就不重要。换句话说，虽然说预测不是经济学唯一需要关注的方面（因此弗里德曼关于经济学的唯一中心是预测的观点是错误的），但是这并不会磨灭预测在经济学体系中的重要地位，并且实证结果对于规范判断会产生明显的影响。

然而令人沮丧的是，即使我们将关注的视角仅仅集中于经济学中可以对预测进行经验检验的部分，我们仍会发现：除了会遇到任何科学工作都无法回避的经验检验的三种普遍困难外，经济学的经验检验还受到本学科研究对象的特殊性的影响。

于是，对经济学进行严格的经验检验的要求将无法避免一种独特的哲学困境：如果不能严肃对待经济学研究对象的特殊性，那么经济学的预测很可能会退化为盲目的“工具主义”；反之，只要认真掌握了经济学的特殊性，那么（起码在牛顿经典物理学立场上）就很难再坚持社会科学与自然科学研究方法一元论（Monism），而会倾向于主张方法论的二元论（Dualism），从而发现以自然科学也无法达到的标准——理论必须可以推导出精确的可经验检验的量化预测——来要求经济学是愚蠢的。

在 1974 年诺贝尔经济学奖获得者哈耶克看来（Friedrich Hayek），社会科学的特殊研究对象“不是物与物之间的关系，而是人与物或人与人的关系”。[①] 因此，环境的可控性并不是关键问题，做经济预测的困难并不一定如众所周知的那样是由于经济环境的易变性导致不会发生高度相似的经济事件。因为严格来说，物理学也面临着同样的问题。物理学的实验始终伴随着地球的公转和自转，不可能有完全一致的物理状况。真正的差别在于经济问题的复杂性（Complexity）。社会科学复杂性的形成一方面源于人本身就是一个复杂的主体，人类行为会受多维度因素共同影响（从而加大了预测的难度），且人类行为具有主观的能动性和自由意志（从而使预测变得不可能）。社会科学复杂性的形成另一方面源于其要考察的不是单一的个体（不是荒岛上的鲁滨逊），而是无数的异质且本身就复杂的人们的互动，且这种互动是在广泛的制度可能性集合下发生的。所以，经济学中研究的现象完全不同于自然科学的对象，后者（起码对于古典物理学和古典化学来说）可以还原为简单现象，并用相对简单的公式描述，而经济学所研究的复杂现象绝不适用于简单公式。

于是，从人的行为和人与人之间的关系的角度，我们可以解释为什么经济学进行经验检验和产生精确的量化预测要比自然科学困难：①源于人类行为和选择的困难，即所谓的“选择问题”（Choice Problem）；②源于不计其数的不同主体在广泛可变的不同方式下的彼此交互作用的困难，即所谓的“交互性问题”（Interaction Problem）。

经济学中研究对象的复杂性，使得“对经济理论进行精确的经验检验”的要求可能导致一种科学研究的困局：经济理论中很多蕴含复杂性的重要变量往往难以获得精确的数量化指标。于是，经验可检验的准则迫使我们只能考察可以由精确数量表示的变量间关系，如把人的行为简化为在既定预算约束下选择可使自身获得最大效用的商品束。这种迁就于数据可得性的研究方法可能损害理论的可信性，因为我们通过模型所确立的两个变量之间的相关性也许只是由于我们仅仅掌握有关它们的定量数据。此时，某个伪科学的理论从经验标准来看可能更像是“科学”，并可以凭此淘汰那些无法进行量化分析或尚未得到充分定量证明的模型。

所以，在研究经济学这类涉及复杂现象的理论时，精确的量化预测是

---

① F. A . Hayek, *The Counter – Revolution of Science: Studies on the Abuse of Reason*, London: Collier – Macmillan Ltd, 1955, p. 17.

不可能的，从而以经验检验为压倒性准则是不符合这类学科的研究规律的。对于经验检验的强调，无论是以证实还是证伪的面目示人，都助长了虚假的希望并提供了自欺欺人的可能性。它使经济学家们错误地相信，我们能够且应该提高经济理论的预测能力，从而使经济学成为符合经验检验准则的科学。经济学家们没有看出或者情愿装作看不见的事实是，经济学研究内容的多样性和研究对象的特殊性并不允许他们走上这样一条科学化的道路。2008 年以来的经济危机已经用残酷的事实告诫了经济学家们应该保持谦虚。

无法做出精确的量化预测并不意味着经济学完全没有可能进行预测，只是我们应该重新理解“预测”的概念——经济学能够进行的是或然的趋势性的定性预测，而不是通常所认为的必然的绝对性的定量预测。

在物理学中，研究者之所以可以把研究对象还原为简单现象，是因为这些研究对象没有主观能动性和个体异质性，只是为了方便知识分类而人为定义的单元。但是经济学的研究对象却无法如此简单化的处理，因为经济学研究的是兼具个体个性和社会共性的人，将他们按照原子论定义会损失大量的重要信息。经济学研究对象的特殊性意味着经济活动中充满不确定性，从而经济学模型只有低水平的经验可检验性。所以，在包括经济学在内的很多科学研究领域，科学进步可能仅限于哈耶克所定义的“模式预测”（Pattern Predictions）——“某些事情不会发生的否定性预测（Negative Predictions），尤其是这样或那样的现象不会同时发生的预测”。①

对于“模式预测”的一个较为软化的解释由森给出：在一个复杂社会中，参数可以在一个消费者和另一个消费者之间改变，也可以在一个企业和另一个企业之间改变。② 持续的参数变化意味着我们至多可以预测出结果

---

① F. A . Hayek, “Degrees of Explanation”, *British Society for the Philosophy of Science*, Vol. 6, No. 23, 1955, p. 217.

② Amartya Sen, “Prediction and Economic Theory”, *Proceedings of the Royal Society of London. Series A, Mathematical and Physical Science*, Vol. 407, No. 1832, 1986, pp. 3 – 23.

的趋势或范围，而在逻辑上不可能预测出结果会位于哪一个特定的时点和量值。① 模式预测设定了经济学中经验检验的限度——只可能有定性的趋势预测而非精确的数值预测，但是，主流的经济学家们恰恰是以后者作为经验检验的标准，如弗里德曼认为，“来自实践经验的证据是丰富的且通常与人工实验一样具有说服力”,② 甚至，“有时，来自实践经验的证据与来自可控实验的证据一样直接、引人注目和有说服力”。③ 因此，如果主流经济学家们坚持倾向于精确的数值预测，那么在逻辑上就不可能将经验可检验性作为判断一项经济理论的压倒性准则。

第四节　小结

综上所述，在经济学中无法应用可精确量化的经验检验作为一种压倒性的科学准则的原因是：

第一，虽然经验检验仍然是一个很重要的科学准则，但其只是诸多科学准则之一，并不具备压倒一切的优先性，而且经验检验准则本身还有需要回答的哲学疑问。

第二，经济学的学科性质，即哲学传统与自然科学传统的交叉，意味着经济学中含有无法进行经验检验的内容，如一部分描述经济学和全部的

① 虽然无法形成明确而精准的量化预测，但是模式预测仍然具有其实用性：首先，一种否定性预测——天气预报告诉你明天肯定不下雨——显然不一定比任何的肯定性预测来得次要；其次，即使无法给出准确的唯一结果，对于可能的结果的范围（明天的天气有三种可能：小雨、中雨和大雨）或者不同情况发生的概率（明天下雨的概率是70%）的预测也能发挥很重要的作用；最后，排除性的预测，即什么情况肯定不会出现的预测——除了下雨，明天任何天气都有可能——也能够有效指导我们的行动，并且也是可证伪的。另外，模式预测并不意味着经济学在科学界中低人一等，反而是一种进步的表现。地质学家很难预测地震的准确发生时间、地点和强度，生物学家预测不出物种进化的准确方向，气象学家的天气预报往往是人们嘲笑的对象，他们所做的工作顶多也只是模式预测。量子物理学的新发展则说明，模式预测可能是物理学发展到高级阶段后也必须接受的进步方式。

② Milton Friedman, “The Methodology of Positive Economics”, in *Essays in Positive Economics*, Chicago: Chicago University Press, 1953, p. 10.

③ Milton Friedman, “The Methodology of Positive Economics”, in *Essays in Positive Economics*, Chicago: Chicago University Press, 1953, p. 11.

规范经济学。这些不涉及经验检验内容的存在并不代表经济学的非科学性，而是经济学内部研究主题多样化和研究传统二元性的体现。

第三，在经济学中，对于预测的经验检验在方法论上的地位仍然是重要的。但是，经济学的经验检验还受到本学科研究对象的特殊性的影响。经济学现象的复杂性使得经济学能够进行的是关于或然趋势的定性预测，纵然这类“模式预测仍然能够被证伪，并且因而仍具有含经验意义的内容”,[①] 但它却无法做到通常所希望的确定性的定量预测。

基于以上原因，可以将主流经济学和可行的替代研究方案对于经验检验的不同认识总结如表 3－1 所示。

表 3－1　主流经济学和替代范式对于经验检验的认识

特征＼范式	主流经济学	替代研究方案
经验检验的科学意义	唯一的压倒性的科学准则	可供参考的重要科学准则之一
对经济学的学科性质的认识	努力模仿物理学，以成为与之类似的硬科学	处于人文学科和自然科学之间，故存在无法与物理学互译的元素
对预测的限度的理解	追求确定性的定量预测	认同基于或然性的模式预测
遵循的科学哲学理念	“二战”前兴起的逻辑实证主义	20 世纪 70 年代后勃兴的历史主义和科学无政府主义
对照的物理学理论	有意参照牛顿式的坚持世界统一性和确定性的经典物理学	暗合相对论和量子论兴起后反映世界多元性和非确定性的物理学
对可经验检验之外的研究内容的态度	严格拒斥，将其归于非科学的行列	善意接纳，认为其是科学尤其是社会科学的必需构成

综上所述，经验检验完全没有理由成为经济学中压倒性的科学准则，但遗憾的是，当前多数主流经济学家仍然与 20 世纪 30 年代的逻辑实证主义者一样，把牛顿体系下的经典物理学当作科学的典范。可以说，经济学家们的自然科学观大体上仍然停留在 17 世纪。至少从经济学方法论角度看，这一说法并没有过分夸张。经济学家们并不了解，物理学的研究方法和对

① F. A. Hayek, “The Pretence of Knowledge: Nobel Memorial Lecture, December 11, 1974”, *American Economic Review*, Vol. 79, No. 6, 1989, pp. 3－7.

于“经验检验—预测”的理解已经有了革命性的变化。当今最著名的理论物理学家霍金根据其最新研究成果指出：“根据量子物理，不管我们得到多少信息，也不管我们的计算能力有多强，因为物理过程的结果不能无疑地被确定，所以不能无疑地被预测。相反地，在系统给定的初始状态下，自然通过一个根本不确定的过程来确定它的未来状态。……更确切地说，它允许几个不同可能的结果……仿佛上帝以投骰子来决定每一个物理过程的结果。”① 在量子物理学中，“给定系统在某一时刻的状态，自然定律确定各种将来和过去的概率，而非肯定地确定将来和过去”。② 因而在经验检验时我们所能做的只是通过重复性实验来“证实不同结果的频率符合预测出的概率”。③

总结物理学和经济学的前沿发展可知，当理论的研究对象是复杂现象时，对于可能的预测的理解分为三类情况：一是霍金所理解的概率性质的预测，各种概率分布所对应的对象可以是定性的也可以是定量的；二是森提出的给出一个取值范围的解，这一范围是定量的，但却不是唯一的和决定性的；三是哈耶克所主张的说明变化发生的可能的趋势和方向，或者是哪种方向的变化不可能发生，这种预测只能是定性的。无论是三类“经验检验—预测”模式的哪一种，都突破了传统的基于“决定论”（Determinism）哲学观的理解世界的方式。三种类型的预测的精确程度是递减的，设定了科学在认识和改造世界中可能作用的边界。

由于科学观和哲学观的陈旧，近代以来的经济学家们自觉或不自觉地夸大了其理论的完备性和在公共政策中的实用性，而有意无意地回避了经济理论的适用边界问题——熊彼特（Joseph Schumpeter）在《经济分析史》中称之为“李嘉图恶习”（Ricardian Vice）。然而，2008 年金融危机的爆发及其持续的影响教给了经济学家们一个关于本学科现状的事实：皇帝并没有穿衣服。由于对金融理论的贡献而在 1997 年获得诺贝尔经济学奖的斯科尔斯（Myron Scholes）在 2008 年东京举行的朝圣山学社全体大会上承认，现实世界不同于教科书。目前，主流经济学在学术思想谱系中的位置是很尴尬的：它一心致力于模仿物理学的研究方法，但对物理学的理解却停留

①② Stephen Hawking and Leonard Mlodinow, *The Grand Design*, New York: Bantam Books, 2010, p. 69.

③ Stephen Hawking and Leonard Mlodinow, *The Grand Design*, New York: Bantam Books, 2010, p. 70.

在牛顿时代，跟不上20世纪物理学思想的新发展的脚步；受制于对物理学研究方法的理解水平，经济学家们只能抱残守缺地坚持以经验可检验性作为压倒性的准则。可悲的是，这项准则在哲学领域的流行已经是20世纪30年代的事情了。对于“二战”之后维特根斯坦后期思想所开启的，在如何认识世界问题上的哲学新进展，经济学家们充耳不闻。

自然科学的进步模式可以被视为替代式进步或者累积式进步的过程，前者是库恩所谓的科学革命，而后者则是库恩语境下的常规阶段。然而，社会科学的进步模式与自然科学并不相同。经济学主要是一种循环式的进步，即某些问题在不同的时代一再被提出，但是每次提出时的情境是不同的，增加了新的理论内涵，并包含着对于之前的理论所提出的答案的批判。所以对于经济学家们来说，经济理论的进步应该是一个升华而非抛弃既有方法的过程。于是，如何实现新古典经济学的先进分析手段与古典经济学的厚重人文哲学传统的有机衔接，从而使经济学摆脱落后的科学观和落后的哲学观的不良影响，是每个经济学家当前都应该思考的问题。

总之，由于经验检验不可能也不应该是判断经济学理论是否为科学的压倒性准则，经济学不可能借由经验检验这一最重要的科学划界标准来证明自己的硬科学属性。

接续本章的工作，我们在第四章中将结合“大数据”（Big Data）的时代背景，专门讨论经验检验的最重要的内容——对于通过理论所得出的“预测”（Predictions）的经验检验。

第四章　经济学预测与大数据

第一节　大数据时代的经济学预测的基本问题

在所有的非自然科学类学科中，经济学是唯一能跻身于诺贝尔奖行列的代表。经济学家们也常常自诩本学科为“社会科学皇冠上的明珠”，为自己能采用类似于物理学的研究范式而自豪。[①] 然而，令很多经济学家深感愧怍的是，经济学的实际表现常会违背一项重要的科学/非科学划界准则——能做出可检验的理论预测，并且该预测与实际的经验相符。从宏观看，对于2008 年金融危机，绝大多数经济学家都没有提前发出预警；而对于中国经济进入新常态，经济学家们现在只能给出事后解释，他们中的很多人在2010 年中国经济率先走出危机时所做的乐观预测尚言犹在耳。从微观看，个体在日常经济生活中展现出的超越狭隘自利的社会偏好（Social Preference）、在短期利益和长期利益之间的不一致偏好（Inconsistent Preference）和行为的情境性质（Contextual Nature of Behavior），都与标准的经济学预测不符。这使得我们不得不发出疑问：经济学的预测为什么经常失准？预测失准是否与经济学的研究方法有关？还是说预测失准与经济学的研究对象的特征有必然联系？抑或说普罗大众和经济学圈外的社会科学工作者是否对经济学的预测概念存在误解，从而预测失准本身就是个伪问题？这些

---

① 经济学家一向对物理学家的方法颇为艳羡，这至少可追溯到经济学鼻祖亚当·斯密（Adam Smith），斯密在行文中时常流露出对牛顿的仰慕之情。经济学家自认为是社会科学界模仿物理学方法最成功的，故而经济学圈有句玩笑话：“所有社会科学工作者分为两类：经济学家和其他。”计量经济学的小圈子则更为自负：“所有的经济学家分为两类：计量经济学家和其他。”

疑问实际上都关乎对经济学的科学性的认识，即经济学是否如很多主流的新古典经济学家①所认定的那样，是一门与自然科学同等意义上的硬科学。

如果说以上问题有老生常谈之嫌且兼有为学问而学问的学究味的话，那么更新潮的问题是：什么是大数据预测？大数据预测与经济学预测有何种联系与区别？大数据时代的到来有望改善经济学的预测能力吗？在2015年9月国务院颁布《促进大数据发展行动纲要》和2015年10月《中共中央关于制定国民经济和社会发展第十三个五年规划的建议》提出“实施国家大数据战略”，大数据战略已经成为坚持创新发展、提高发展质量和效益的关键的背景下，以上问题的答案对于我们认识和改造世界有非常明显的意义。

也许是羞于自曝其短，经济学界近年来对预测失准问题的研究寥寥无几。潘天群（2001）提出了关于经济学能否进行预测的三种观点，肯定了经济学只能进行趋势预测。马涛和张洋（2009）、朱成全和汪毅霖（2009）都从思想史的角度回顾了弗里德曼（Milton Friedman）关于预测的观点及其引发的方法论之争，认为这场争论实际上是经济学界的科学主义者们的家族内部之争。汪毅霖（2015）从经验检验的角度间接讨论了经济学预测所面临的困难和局限。与以上的负面声音相反，邹至庄（2012）把经济现象分为经济学可以解释和难以解释的，认为对于前者，经济学具有充分的预测能力。张五常（2015）则叩其两端而执中，认为经济学的预测有其自身的方法论基础，准确的预测需要经济学家观察约束条件变化的功力加上一些运气。以上研究至少存在两种缺陷：一是在研究角度上，或者对经济学经常预测失准的方法论本质讨论不足，或者干脆完全缺失了对经济学方法论的讨论，从而使得研究没有深入触及经济学预测失准的本质层面；二是在研究内容上，没有结合大数据时代的背景加以分析，从而都未涉及大数据与经济学预测的关系这一重大的理论和现实问题。与之对应的则是部分关于大数据预测的文献（无论对当前的预测结果持支持还是怀疑态度）忽视了与经济学预测的对比，甚至有宣告理论终结之意（Choi 和 Varian，2009；Mao 等，2016；McAfee 和 Brynjolfsson，2012；Varian，2014）。

① 新古典经济学的“客观”科学的视角要求理论能做出可经验检验的精确的预测，如果预测不能通过经验检验，即意味着理论受到了质疑。古典经济学的道德哲学的视角认为预测与经验不符只是因为存在“干扰因素”，不会牵涉到理论本身的正确性。

第二节　经济学预测的性质与预测为什么会失准

一、预测为什么重要

牛顿有一个重要的方法论原则——“不构造假说（Hypothesis non Fingo）”①，因为任意构造的假说在实验哲学中是没有位置的。牛顿的这一宣言是为了破除科学研究中的蒙昧：任何理论都必须通过实验证据加以检验，而不能只是停留在猜想性的假说阶段。当实验证据与假说不符时，后者必须被抛弃。

对假说性预测进行检验的目的就在于克服学术研究中的形而上学。在同一种逻辑体系中，关于同一问题可能存在众多的假说，它们各自在逻辑上都是自洽的。如果没有一个合理的外在判断标准，那么依赖于假说的争论将永无休止。面对不同的假说，我们只能遵循胡适所说的办法——“拿证据来”。因此，自然科学和社会科学都要求假说不仅是逻辑可能的，而且是经验可能的，经验可能的假说的集合只是逻辑可能的假说的集合的一个非常小的子集。

由于以上的哲学原因和众多的科学史中的实践成就，② 预测力在科学哲学中几乎是最重要的判断科学理论优劣真伪的标准，如库恩提出评价科学

① ［英］伊萨克·牛顿：《自然哲学之数学原理·宇宙体系》，王克迪译，武汉出版社 1992 年版，第 553 页。

② 在近代科学的革命性进步的过程中，对预测进行经验检验这一标准起到过非常重大的作用。例如，伽利略用实验物理学打破亚里士多德的哲学思辨式物理学的统治地位，就是通过用实验将亚里士多德的预测——重的铁球会比轻的铁球先着地——证伪实现的。另一个例子是爱因斯坦的相对论取代牛顿经典物理学。在得到经验数据的支持之前，爱因斯坦的相对论只能算是一种精致而大胆的假说。爱因斯坦的成功很大程度上归功于相对论能做出牛顿体系无法给出的预测，并且得到了验证。先是 1919 年爱丁顿在西非的普林西比岛观测到日全食，证明了相对论的预测——太阳的重力会使光线弯曲；接着在 1924 年，亚当斯测度了高密度白矮星伴星天狼星 B 的谱线波长的偏移，证明了相对论的预测——恒星光线由于引力场的作用会变红。两次对预测的经验上的确证（Confirm）保证了相对论作为新范式被广泛接受。

理论的“五种价值”，其中第一个就是关于预测的经验检验的，即要求“理论应当精确”——“在这一理论的范围内从理论导出的结论应表明同现有观察实验的结果相符”。[①] 这一标准也被当今的科学工作者所遵循，著名物理学家霍金（Stephen Hawking）在其2010年的著作《大设计》(The Grand Design)中提出了一个好模型应该符合的四个标准，其中包括模型能够“对将来的观察做详细的预言，如果这些预言不成立，观测就能证伪（Falsify）这个模型”。[②] 社会科学界奉行着相同的标准，2001年诺贝尔经济学奖获得者斯蒂格利茨（Joseph Stiglitz）认为判断一项理论要考察其预测力（Predictive Power）——“一个好的理论不仅与已经观察到的规则行为相一致，而且应该能够预测没有被观察到的新的规则行为”。[③]

应该说，预测力不仅对于自然科学，而且对于包括经济学在内的社会科学来说也是必需的，因为如果没有任何经验可检验性，那么就无法区分科学与形而上学。不过，我们是否因此就能够说，预测的可量化程度越高，越是明确（Specific）和精准（Precise），就一定表明这是一个越好的理论呢？这实在是一个值得深思的问题，因为其不仅关系到预测力在科学哲学中的地位，而且关系到经济学的学科性质问题。

从科学哲学的视阈看，理论的功能不外乎解释和预测，[④] 而理论模型逻辑地推演并预测（解释）未知（已知）的事情，是理论联系实际，进而发挥理论认识和改造世界的功能的前提。用波普尔式的更哲学的观点说，科学起源于解难题[⑤]，而解释和/或预测正是一种解题时的表述。因此，一项理论的预测性命题是否有可检验的经验含义关涉的是该理论属于科学还是形而上学；一项理论的经验预测能否通过检验解决的是该理论的真伪问题；一项理论的预测的明确和精准的程度则决定了该理论的限度。

---

① ［美］托马斯·库恩：《必要的张力》，范岱年、纪树立等译，北京大学出版社2004年版，第313页。

② Stephen Hawking, and Leonard Mlodinow, *The Grand Design*, New York: Bantam Books, 2010, p. 46.

③ ［美］约瑟夫·斯蒂格利茨：《斯蒂格利茨经济学文集》第六卷（上），纪沫、仝冰、海荣译，中国金融出版社2007年版，第11页。

④ 张五常认为解释和预测只是同一类逻辑的两种不同顺序的表达。参见张五常：《经济解释（二零一四增订本）》，中信出版社2015年版。

⑤ Karl Popper, “Models, Instruments, and Truth”, in M. A. Nottorno, ed., *The Myth of the Framework: In Defense of Science and Rationality*, London: Routledge, 1994, p. 155.

二、什么是经济学的预测

经济学界较早从方法论角度研究“预测”问题的是古典政治经济学的集大成者约翰·密尔。密尔认为，由于经济学的研究对象是“思想规律以及由思想规律决定的所有复杂现象”[①]，故无法进行简单归纳，反而是基于内省的抽象演绎法[②]更为适合。内省的或者说演绎的方法以特定的假设（Assumption or Prostulate）作为前提，再按照逻辑推理的步骤得出一般化的结论——假说性预测（Hypothetical Prediction）。

在密尔的古典政治经济学方法论框架中，对预测进行经验检验的作用与其在新古典经济学范式中不同。对于密尔及其追随者来说，理论所蕴含的命题如果与经验事实不符，那么并不会否定理论本身，而是表明存在“干扰因素”（Disturbing Influences）。即是说，经验检验的意义不是要判定一项经济理论的正误，而是服务于为该理论的适用范围划定边界。

虽然在对经验检验的作用的理解上存在差异，但新古典经济学的方法论逻辑与古典政治经济学并没有本质的不同。把预测检验的重要性提升到将其作为理论正误的判断标准，这要归功于弗里德曼和其所代表的芝加哥学派的努力。即使这种方法论立场受到了经久不息的批评与挑战，其至今仍然代表了经济学实际研究工作中的主流方式。[③]

1953 年，弗里德曼发表了《实证经济学方法论》这篇可能是经济思想史上最重要的方法论论文。弗里德曼指出，“实证经济学的最终目的，是要发展出一种‘理论’或‘假说’，能对尚未观察到的现象做出正确而有意义（不是老生常谈的）预测（Prediction）”。[④] 就是说，实证经济学的任务是

---

① John Mill, “On the Definition of Political Economy; and on the Method o f Investigation Proper to it”, in John W. Parker ed. , *Essays on Some Unsettled Questions of Political Economy*, London: West Strand, 1836/1844 (Reprint), p. 131.

② 约翰·密尔的这一方法论倾向可能与其受父亲（James Mill）的好友，即自己的经济学导师李嘉图（David Richard）的影响有关。李嘉图在方法论上偏重于逻辑演绎的方法，而经济学鼻祖斯密兼重归纳和演绎方法。

③ 截至 2015 年，共有 76 位诺贝尔经济学奖获得者，其中 27 位与芝加哥大学有关。这里的有关指的是曾在芝加哥大学正式学习或任教。

④ ［美］米尔顿·弗里德曼：《实证经济学方法论》，载《实证经济学论文集》，商务印书馆 2014 年版，第 7 页。

“对环境变化所产生的后果做出正确的预测”。[①] 从学术研究的目的上说，弗里德曼把理论工作的目标设定为给出正确的预测，从而有效地解决了当下的政策问题；而不是通过发展新的理论来追求“真理”（Truth）。因此，弗里德曼乐于被称为“工具主义者”（Instrumentalist）[②]，他“并不认为假设或理论是真理的体系，它们只是用以产生有用的（因为是成功的）语言的工具”。[③]

归结起来，新古典经济学的以预测检验为核心的方法论框架如图 4 - 1 所示。

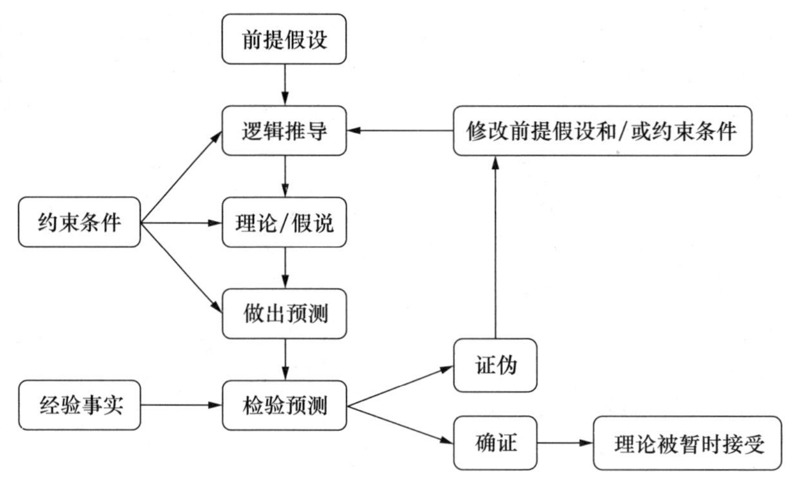

图 4 - 1　经济学中的预测的产生和检验

由图 4 - 1 可知，经济学模型的构建第一步需要提出前提假设，典型的如“经济人”假设。[④] 用拉卡托斯（Imre Lakatos）的科学研究纲领（Scien-

---

① ［美］米尔顿·弗里德曼：《实证经济学方法论》，载《实证经济学论文集》，商务印书馆 2014 年版，第 5 页。

② ［美］劳伦斯·博兰：《批判的经济学方法论》，王铁生译，经济科学出版社 2000 年版，第 8 页。

③ ［美］劳伦斯·博兰：《批判的经济学方法论》，王铁生译，经济科学出版社 2000 年版，第 37 页。

④ 弗里德曼认为“工具主义”是对自己的方法论的一个很好的形容词。“工具主义者承认，理论或假设能够是真实的，但是他们认为，这对于结论的效用来说无关紧要。”参见［美］劳伦斯·博兰：《批判的经济学方法论》，王铁生译，经济科学出版社 2000 年版，第 19 页。这种方法论态度可能就是产生“F 扭曲”（F - Twist）的哲学背景。

tific Research Programmes）来解读，这类假设条件是理论的“硬核”（Hard Core）。第二步是逻辑推导，这实际上是形式逻辑或数学问题，本质上属于同义反复的结构，而“同义反复本身的有用性，说到底，还要依赖于实质性假说的可接受性”。[①] 于是，第三步就是提出“理论”或曰“假说”，但这种“假说”太具有一般性而难以进行判决性检验。故第四步是根据约束条件做出具体的特殊性“预测”。

前四步都属于模型化阶段，约束条件（Constraint）在其中扮演了重要的角色。新古典经济学的基础模型就是在约束条件下追求目标函数的最优化。在模型的逻辑推导步骤中，约束条件属于“初始条件”（Initial Conditions）或曰“辅助性假设”（Auxiliary Assumption），如果说硬核假设可被归类为一般性原则（大前提），那么约束条件就扮演了特殊化陈述（小前提）的角色，两者共同规定了作为演绎推理结论的“理论的预测性假说”。如果约束条件（如成本和收入）在经验上有所变化，则理论预测也会随之调整，这是为什么理论可以被经验所检验。

“作为一套实质性假说，理论应该用其对它旨在加以‘解释’（Explain）的那类现象的预测能力（Predictive Power）来检验”，[②] 故在做出预测后，任何科学理论都必须以相关的经验事实（既可以是观察和收集的自然数据，也可以是实验室数据）来检验预测。这是实证经济学方法论的第五个步骤。

在对经验检验原则的认识上，弗里德曼与波普尔（Karl Popper）的“证伪主义”惊人的一致。弗里德曼也表示“我深信那次交往（指 1947 年与波普尔）……的确对我产生了很大的影响”。[③] 按照弗里德曼的波普尔式话语，“事实证据从来不能‘证明’（Prove）一种假说，而只能是无法否定（Disprove）它”——这就是所谓的“假说已经被经验所‘确证’（Confirm）”[④] 的含义。

---

① ［美］米尔顿·弗里德曼：《实证经济学方法论》，载《实证经济学论文集》，商务印书馆 2014 年版，第 13 页。

② ［美］米尔顿·弗里德曼：《实证经济学方法论》，载《实证经济学论文集》，商务印书馆 2014 年版，第 9 页。

③ ［美］劳伦斯·博兰：《批判的经济学方法论》，王铁生译，经济科学出版社 2000 年版，第 81 页。

④ ［美］米尔顿·弗里德曼：《实证经济学方法论》，载《实证经济学论文集》，商务印书馆 2014 年版，第 10 页。

经验检验的结果必然有两类：一是预测被确证，二是预测被证伪。如果被确证，那么理论在出现更好的替代者之前可以被暂时接受。如果被证伪，则我们较多通过修改约束条件而极少通过调整前提假设来挽救理论。之所以如此，是因为作为硬核的前提假设是模型的基础，在科学研究纲领中要极力避免被质疑;[①] 相反，约束条件被视为保护带（Protective Belt），接受被证伪的检验结果的责任通常被推诿到它的身上。

三、经济学的预测何以频频失准

由图4－1可知，经济学得出预测并加以检验的程序遵循着严格的科学研究规范，其在方法论上与作为硬科学的物理学并没有本质区别。那么问题来了，为什么经济学看似合理的研究方法会得出明显与经验事实不符的预测呢？这一问题的答案可以归结为正反两面，经济学家既是可怜之人也有可恨之处。

第一，普罗大众对经济学的“预测”概念本身存在理解偏差。经济学的“预测”来自模型的逻辑演绎推导所得出的结论，故从方法论的角度说，“Prediction”更适合被翻译为“推测”而非“预测”。另一个也常被翻译为“预测”的英文单词“Forcasting”则更适合被翻译为“预言”。对经济学方法论不甚了了者往往对两个词不加细分，没有深究其中的方法论差异。实际上，两者是有重大区别的：“Prediction”是基于理论的，它以某一个模型为基础，按照推理，如果某些特定的验证条件（Test Condition）即约束条件为真，某些现象在逻辑上就必定会发生；“Forcasting”则是依赖过往事件发生的趋势，或者用求签看手相占卜前程。显然，把“Prediction”和“Forcasting”混为一谈是极为不妥的，前者是科学家的工作，后者则是算命先生的营生。

对于“预言”，假如算命先生能料得天机，结论自然不会失准。[②] 但对于“推测”来说，在不发生逻辑推导错误和不存在对约束条件的事实认知偏差的前提下，其结论准确的必要条件是约束条件的稳定，一旦约束条件

① 否则，就会发生库恩（Thomas Kuhn）所谓的“范式转换”（Paradigm Shift）。

② 如果硬要按照科学的标准来解读，那么《麻衣神相》等卦书中所包含的科学元素至多是统计规律，远称不上有所谓的理论。

发生了变化，再高明的经济学家的预测也会失准。[①] 用科学哲学的语言可以表述为，当“其他条件不变”（Ceteris Puribus）的前提不存在时，任何科学理论的预测都难免失败。以微观经济学中的例子来说，如果偏好和相对价格不变，经济学可以通过弹性计算较为精确地预测某一消费者 A 的行为；可一旦约束条件的稳定性被打破，例如消费者 A 某天中了 500 万元的彩票（其预算约束完全改变了），则之前对此君的消费行为的预测几乎必然失准。换用一个宏观经济学的例子，几乎所有经济学家在 2007 年时对下一年度的中国经济都持乐观预期，但这一预测的前提是约束条件稳定（例如美国的经济形势稳定），于是经济学家们再一次在经济危机中成为被揶揄的对象。可叹的是，经济学预测的成功之处大多是如日常消费这种张家长李家短的事情，习以为常后难免会被看淡；而容易预测失败的案例却都是经济危机这类在短期对所有人都有重大负面影响的显著性事件。成败相较，自然会加深圈外观察者的经济学总是预测失准的印象。

普通大众希望经济学的预测能够 100% 准确，可惜却忘了经济学家是科学家而不是可通天的神汉。实际上，在科学界预测频频失准的也不是经济学一家，我们看到过几次地质学家准确预测了地震呢？正如 1986 年诺贝尔经济学奖获得者布坎南所说，还原主义者和实证主义者所理解的“预测需要的是无所不知而不是科学，因为我们必须把个人当作行动者（Actors）而不是原子（Atoms）来对待。各种关于人类选择的科学，在其目的上都必须谦虚谨慎。它们至多能给熟练的从业者提供某种能力，来预测有组织的人类活动的结构特征，以及发生在各种明确定义的变量中的变迁的一些方向性影响”。[②]

第二，经济学家在为自负付出代价。现代新古典经济学普遍采用的一个建模方法是代表性个体模型，此设定意味着同质化个体的个人选择可以被还原为简单现象，即微观经济学和宏观经济学中的代表性个体的行为。但是，当我们利用经济理论做预测时，我们实际上所面对的经济现象本质

① 萨缪尔森（Paul Smuelson）就曾断言：“甚至一个好的经济学家或物理学家会是一个差的预测者（Predictor），如果我们仅是简单地想要拥有预测（Forecast）未来的能力。”参见 Paul Samuelson, “Economic Forecasting and Science”, in Robert Merton ed., *The Collective Scientific Papers of Paul A. Samuelsonn*, Cambridge, Massachusetts: MIT Press, 1965/1972, p. 775.

② ［美］詹姆斯·布坎南、戈登·塔洛克：《同意的计算：立宪民主的逻辑基础》，中国社会科学出版社 2000 年版，第 4 页。

上具有复杂性，这一复杂性有两种来源：一是不同个体受多样化价值观影响所导致的行为的异质性，二是个体间的社会交往模式具有多样性。由于经济研究者面对的是复杂现象，哈耶克（F. A. Hayek）和奈特（Frank Knight）等思想家早就指出，经济学的预测至多只能是“模式预测”（Pattern Prediction）。

模式预测可以告诉我们某一类事件发生的趋势、概率或者取值区间，这对于指导我们的选择有重要的意义（例如天气预报）。并且，由于仍然具有经验含义，模式预测与经验检验的证伪标准并不冲突。甚至，模式预测并不表明经济学是劣于自然科学的学科，相反，自然科学的发展趋势可能也将会是模式预测。生物学家从来都无法就生物进化的形式给出精确预测，但生物学从未被质疑是科学。就连在方法论上被经济学家视为模范的物理学也难以避免趋向模式预测，量子物理学的发展表明，物质世界的预测也做不到完全精确，上帝可能恰恰喜欢掷骰子。①

然而，包括弗里德曼在内的很多新古典经济学家对于经济学只能满足于模式预测并没有充分的自觉，仍然将精确性（Precision）作为经济理论性能的判断依据和对经济理论进行选择的外部标准。② 这种自设陷阱的行为恰是哈耶克所批评的“理性的自负”的直接体现，其后果就是精确预测的逻辑不可能性导致了经济学的预测受到了无休止的批评，而经济学家的自我辩护又大多不着边际。

第三节 大数据的经济学含义与大数据预测的方法论

根据《促进大数据发展行动纲要》中的定义和国际通行的观点，大数据是具有“4V”特征的数据信息集合。所谓的“4V”，指的是大数据容量（Volume）、高数据流转速度（Velocity）、多数据类型和来源（Variety）以及高价值（Value）。进入21世纪以来，随着信息技术的发展和互联网的普

---

① Stephen Hawking and Leonard Mlodinow, *The Grand Design*, New York: Bantam Books, 2010.

② ［美］米尔顿·弗里德曼：《实证经济学方法论》，载《实证经济学论文集》，商务印书馆2014年版，第5页，第20页。

及，与经济社会发展相关的数据呈现几何级数的增长。“大数据”不仅成为了一个时髦的概念，而且正在被世界各国的企业界和政府部门越来越多的接受和使用。

一、大数据预测的“成本—收益”分析

受过经济学训练的人应该具有的基本经济直觉之一是“世界上没有免费的午餐”，任何事物都有成本和收益两面。作为一个互联网时代出现的新型技术和产业，大数据肯定有其光鲜亮丽的一面，但也存在着可能给人们带来新的困扰的一面，故大数据的经济学含义很适合使用“成本—收益”分析这一经济学的标准工具来讨论。

我们先要对大数据的收益函数和成本函数的性质加以讨论和设定。按照我们的体验和观察，或者基于经济学的一般规律，使用大数据的边际收益很可能是递减的。因为能带来最高的个人效用的肯定是准确无误的高价值数据；反之，模糊的低价值数据和干扰性的数据只能带来接近于零甚至为负的效用。具体到大数据预测，预测所使用的新增样本的边际贡献会随着样本容量的增加而降低。于是我们有凹函数

$$R = aD - bD^2 \tag{4-1}$$

其中，D 为数据量或者说是大数据的使用程度，a 和 b 都大于 0。求一阶导数有

$$MR = a - bD \tag{4-2}$$

公式（4－2）表示个人或组织使用大数据技术的程度越深，则大数据给使用者带来的新增收益越低。

与收益相反，使用大数据的边际成本有可能是递增的。人们在大数据环境下会面临选择困难：数据过多时人们可能无从选择，从而出现“布里丹之驴”[①] 问题；即使我们不像布里丹悖论中那样对理性概念做过于狭隘的定义，大数据仍可导致有效数据的筛选成本过高（在大数据环境中，数据本身就是商品，于是收集和分辨有用数据时会与搜寻优质商品时一样产生信息成本），从而使得数据使用者更易于做出错误的选择。典型例子是，个

① 此悖论以 14 世纪法国哲学家布里丹的名字命名，说的是一头完全理性的驴子，在两堆一模一样的干草之间无从选择，最终活活饿死。亚里士多德可能是第一个发现此悖论的学者。

人涉入的互联网大数据媒介越多，隐私被泄露的风险就越大。具体到大数据预测，数据集合越大，里面所包含的信息噪音就越多，从而提高数据筛选成本和出现预测偏差的可能性。于是我们有凸函数

$$C = eD + fD^2 \tag{4-3}$$

其中，e 和 f 都大于 0。求一阶导数后有

$$MC = e + fD \tag{4-4}$$

公式（4－4）表示当个人和组织越来越多地依赖于大数据时，大数据给使用者带来更高的增量成本。

综合公式（4－2）和公式（4－4），由最优化条件 MR = MC，可得大数据（预测）的最优使用程度为

$$D = \frac{a - e}{b + f}$$

我们可以利用图 4－2 来直观地表达以上内容的比较静态含义。

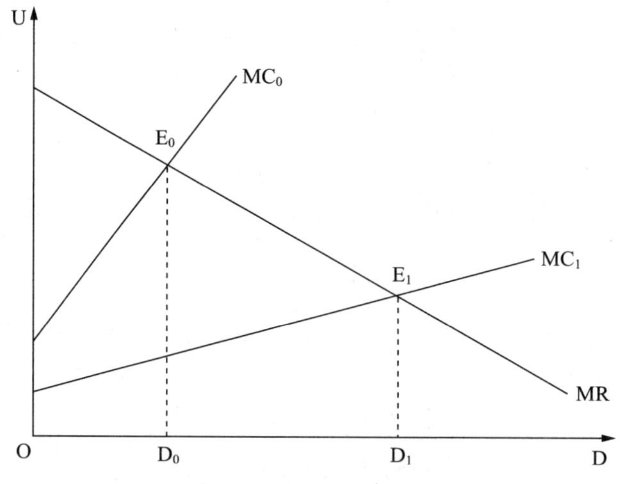

图 4－2　大数据预测的成本—收益的比较静态分析

由图 4－2 可知，最优条件决定的使用大数据的初始有效边界为均衡点 E_0（对应于横轴的大数据使用程度 D_0）。如果使用大数据进行预测的成本出现了下降，即边际成本曲线从 MC_0 移动到 MC_1，则均衡点从 E_0 变为 E_1（大数据使用程度从 D_0 变为 D_1）。成本的下降在宏观上取决于大数据技术——

尤其是数据抽样技术和算法设计的进步（从个体微观的角度看，在获得的技术水平统一的前提下，大数据使用者的心智水平，包括知识和判断力也会影响个人的成本曲线的原初位置），这意味着在“互联网＋”环境下科学技术可能将更显著地成为第一生产力。比较静态均衡的变化的经济学直觉含义是：大数据产业的技术进步（如社交网络产品的完善和升级）会改变个人和组织使用大数据的成本—收益对比，并会因此加深其对基于互联网信息技术的大数据的利用程度。

不过，大数据技术的进步也可能走入相反的方向，即大数据技术的发展演化成大数据暴政——世界被数据所驱动，人的一切行为都是按照数据事先设计好的。这即是人的异化的一种新的表现形式，也是一种大数据下的“反乌托邦”（此时 MC 曲线将向左上方移动）。

于是，我们说，大数据的使用是有其边界的，并不是越多使用大数据就一定越有效率和功用。关键问题是要让大数据为人类生活质量的提高服务，且需避免被大数据所左右而造成大数据暴政。正如康德和马克思所强调的，人的自由发展才是最终目的，大数据是且仅能是为之服务的手段。

二、大数据预测与经济学预测的方法论差异

相较于经济学的模仿对象物理学，经济学预测在重要问题上的频频失准确实令人感到尴尬。在进入新千年后，尤其是最近十年左右，基于大数据的预测开始进入人们的视野。很多大数据预测都与经济问题有关，如对失业率、通货膨胀率等宏观指标的预测和对消费者购物行为之类的微观指标的预测。当前，大数据预测大有后来居上取代传统的经济学预测的趋势。在大数据研究的理论层面，预测被视为大数据的核心（舍恩伯格和库克耶，2014）。在实践领域，预测也被认作是体现大数据价值的重要方面。2016 年 3 月发布的“十三五”规划纲要提出要使用大数据技术“加强经济监测预测预警”，从而完善经济政策的决策机制。于是，我们需要从理论上回答以下问题：什么是大数据预测？大数据预测的方法论特征是什么？从而大数据预测在方法论上与经济学预测存在何种差异？大数据预测与经济学预测有何种联系与区别？大数据时代的到来有望改善经济学的“预测能力”吗？另外，既然我们已经证明了大数据技术的使用是有其合理边界的，那么基

于大数据技术的预测也不可能例外，这实际上就是大数据预测的优势（收益）和缺陷（成本）两方面。

大数据预测近年来有很多具体的成功案例，如商品零售建议、个性化医疗服务、犯罪预防，等等。但是，大数据预测的失败之作也为数不少。最著名的是Google流感趋势的预测失准，与此类似，对于学术奖项和政治选举的大数据预测也少有成功。

为了理解大数据预测为什么有时会失准，以及像经济学预测那样也为大数据预测划定界限，我们需要从大数据预测的方法论加以讨论。我们对大数据预测的方法论的解构将采取“解剖麻雀”的方法，以大数据预测的典型代表Google流感趋势为例（Cook等，2010；Declan，2013；Lazer等，2014）。

Google流感趋势是Google公司在2008年推出的一款产品。在使用之初，该系统成功预测了甲型H1N1在美国的传播趋势。但从2011年开始，该系统的预测开始失准，其给出的发病率是实际发病率的两倍。Google流感趋势的预测原理并不复杂：首先，Google搜索引擎统计从2003年到2008年的5000万个关于流感查询的时间序列。其次，用一个线性回归模型计算医生实际接诊流感患者的历史数据（此数据来自美国疾病控制与预防中心）和当期的流感查询之间的对数发生概率（此步骤同时从大数据中筛选出对线性模型拟合程度最高的搜索关键词）。再次，收集和整理各地近期使用Google搜索引擎查询与流感有关的关键词的数据。最后，根据用线性模型计算出的对数概率来预测流感传播情况。不管Google使用何种关键词筛选规则和预测算法，我们从科学哲学的角度都可以给出一个直观的判断，大数据预测基于的是典型的归纳法——根据过去经验总结出一般规律，再将其延伸到样本外预测。Google流感趋势预测失准的原因也不难理解，当流感大暴发时，人们使用Google搜索引擎查询流感的频率会大为提高，但多数查询者是出于对此的新闻性关心，而不是因为怀疑自己真的得了流感；同时，流感大暴发会造成恐慌，很多不大可能染上流感者可能会庸人自扰地反复查询，这也将增加大数据中的信息噪音。于是，当大趋势发生变化时，让历史告诉明天自然就行不通了。

大数据预测的程序见图4-3。

对比图4-1与图4-3可知，经济学预测与大数据预测有方法论性质上的根本区别（见表4-1）。

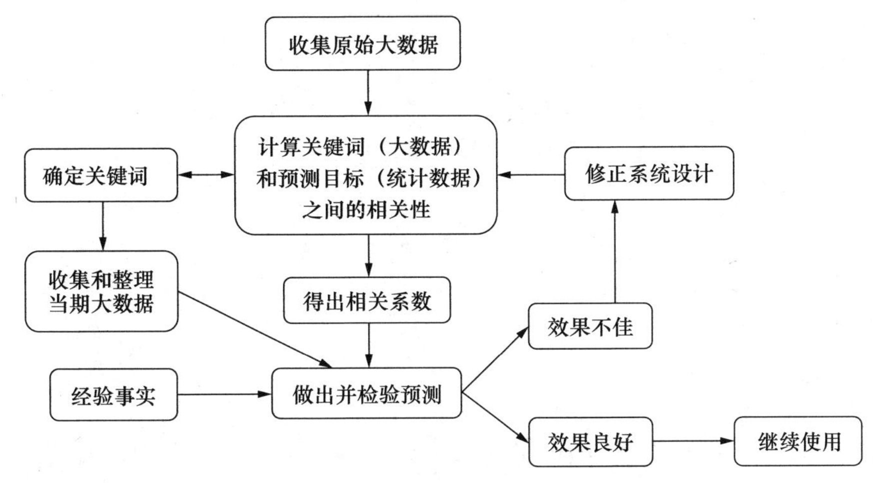

图 4－3　大数据预测的程序

表 4－1　经济学预测与大数据的方法论比较

	经济学预测	大数据预测
基本方法	演绎法	归纳法
模型与预测建立联络的方式	确立约束条件	计算相关系数
理论基础	有（经济学理论）	无
核心前提假设	有（经济人假设）	无
对因果性的关注	有	无
科学哲学倾向	温和的工具主义	极端的工具主义
经验检验	有	有

第一，从基本方法上看，两者有迥异的取向，经济学预测遵循演绎法，大数据预测则依照归纳法。第二，经济学理论将模型与对现实的预测建立起联系的方式是确立约束条件，此约束条件要求贴近真实情况（如预算约束要真实反映企业的成本水平或消费者的收入水平）；大数据系统的联系方式则是用回归模型计算大数据信息与常规信息之间的相关系数。第三，经济学预测以经济学理论为构建模型的基础，大数据预测则没有依赖任何理

论基础。第四，经济学预测所基于的理论中含有核心前提假设①，大数据预测不以任何假设为前提。第五，经济学预测是关于变量之间的因果性的预测，大数据预测则不关注因果问题，而只关注相关性。第六，经济学预测（尤其是芝加哥学派）具有比较温和的工具主义倾向，但大数据预测的工具主义倾向则更为极端，干脆不需要理论基础，也不去深究因果问题。第七，唯一的共同之处可能是两类预测都寻求进行经验检验，但经济学预测的检验是为了在理论的正误之间划界，而大数据预测的检验主要是为修正系统提供参考依据。

第四节　大数据的反思及其对经济学预测的影响

客观来说，经济学预测的准确性并没有人们印象中的那么差，大数据预测的效果也没有人们希望的那样好。在经过了方法论的梳理和比较后，我们可

---

① 弗里德曼的方法论中并不要求前提假设的真实性，这是弗里德曼1953年的论文中被反复批评的一个焦点。在为假设的非真实性辩解时，弗里德曼引入了“好像”（as if）概念。这个工具主义的概念意味着“如果我们试图解释某些个人假定行为的效果，则只要该效果事实上能被观察到，而且如果他们事实上如同我们假设那样行事时定会产生该效果，我们就能利用我们的行为假设，即使该假设是虚假的”。参见［美］劳伦斯·博兰：《批判的经济学方法论》，王铁生译，经济科学出版社2000年版，第30－31页。从逻辑学的角度，我们可以把弗里德曼的立场视为对反向运用“归谬推理”（Modus Tollens）的一种警惕。“归谬推理”指的是如果结论不真，（在不存在形式逻辑的推导错误的前提下）那么至少有一项假设是不真实的。但是，反向运用“归谬推理”——因为假设的不真实而认定结论一定不真实——则会犯“否定前件的谬误推理”（the Fallacy of Denying the Antecedent）的错误。即是说，“归谬推理”的逻辑链条只能从后向前。同样，弗里德曼在逻辑问题上也对误用“归真推理”（Modus Ponens）保持着警惕。“归真推理”意味着从真实的前提假设可以推导出真实的预测性结论。但是，如果我们反向运用“归真推理”——因为预测性结论是真实的，就认为所有的前提假设都是或应该是真实的，则将犯“证实后件的谬误推理”（the Fallacy of Affirming the Consequent）的错误。即是说，“归真推理”的逻辑链条只能从前向后。我们不妨用一个具体例子来更直观地说明“归真推理”和“归谬推理”问题。我们现有如下假设：A_1：所有男人的高等数学成绩都很好；A_2：只有男人的高等数学成绩很好；A_3：我的高等数学成绩很好。于是我们有结论C：我是一个男人。现在，结论肯定是真实的（本书的作者确为男性无误），但是，至少有一个假设是不真实的（笔者的高等数学成绩并不好）。这说明，我们不能用个别结论的真实倒推出一般性假设的真实，否则便是错误地运用了“归真推理”。换个角度看，一般性假设的不真实（本例中的三个假设显然都有问题）并未必然导致个别结论的失真，否则就是错误地运用了“归谬推理”。

以较为清晰地看到大数据预测的缺陷是什么，以及大数据预测的界限在哪里。

一、大数据预测存在的问题

首先，大数据预测所基于的归纳逻辑本身存在缺陷。大数据预测的第一步是要运用过往的数据计算变量之间的相关系数。从科学哲学的角度看，相关系数的计算基于的是典型的归纳逻辑（从大量的特殊到一般），从而必然无法避免所谓的“归纳问题”：逻辑只能传递已知的真理而无法创造新的真理（或者说逻辑无法证明陈述的真实性），所以当我们试图从单称命题（特殊陈述）获致所需的普遍命题（一般陈述）时，归纳法时刻面临着“黑天鹅”事件的威胁——一旦出现一个反例，整个一般陈述就会彻底破产。[①] 换句话说，归纳法只有在收集了所有的特殊性案例后，才能保证一般陈述（大数据预测将其作为前提假设）的真实，而即使有再强的大数据收集技术，穷尽特殊性案例在实践上接近幻想，因为新生事物会不断地出现。[②] 只要历史没有终结，就永远不会有真正意义上的全样本数据。故可归纳之数据也有涯，而需探求之真理也无涯，以有涯随无涯，殆已。例如，Google 翻译基于的原理也是文本的大数据，其在翻译日常用语时一般较为准确，但在翻译特定学科领域的文献时又往往令人啼笑皆非。因为特定的专业领域的专有名词就相当于日常语言环境中的“黑天鹅”。所以，在反对归纳法的哲学家看来，大数据预测无疑是在科学哲学史上已经被屡遭批判的归纳法的再次还魂，且此次还插着高科技的标签。

其次，大数据预测在技术上并非纯粹从数字出发，而是含有一定的先验主观性。大数据分析主张让数据自己发声，但大数据预测的程序中的两个关键节点——确定关键词和计算相关性都具有很强的主观性。先看关键

---

① 从哲学的视角看，对归纳问题的注意肯定是弗里德曼不在意假设是否真实的原因之一。由于无法解决归纳问题，所以理论工作者们需要假定其模型的前提假设是真实的，并且避免使用“真理”（Truth）一词或者像约定主义者（Conventionalist）那样视“真理”为一个约定俗成的概念。如果说约定主义者还会对理论的真实性时有怀疑的话，弗里德曼干脆把理论的关注点从前提假设的真实性转移到了预测性结论的真实性。对于弗里德曼似的工具主义者来说，发现唯一的真理并不是理论的目标，理论只是一种政策工具，故而“理论、前提或假设的真实状态，对任何目的都是无关紧要的，只要从它们当中合乎逻辑地推论出来的结论都是成功的”。参见［美］劳伦斯·博兰：《批判的经济学方法论》，王铁生译，经济科学出版社 2000 年版，第 23 页。

② 与归纳逻辑相反，演绎逻辑是从一般陈述到特殊陈述的推理过程。

词，确定关键词是建立大数据和预测目标之间联系的先决步骤，但关键词的选择很大程度上依赖于专家的经验和判断，完全是一个不断试错的人为过程。如果关键词选择不当，会产生大量数据噪音。例如，当我们为了考察国外股票市场的情况而搜索“Bull”和“Bear”两个单词时，Google 将会给我们反馈大量的关于两种动物的信息。再看算法，在进行大数据预测时，大数据专家们设计的算法内含有非常强的假设性的数学属性（如 Google 趋势分析假设变量间存在线性关系），其并不能反映真实的微观过程，尤其是不能反映在社会活动网络化背景下新兴事物的大量“涌现”（Emergency）①。既然在关键词和算法两个环节都具有经验数据之外的先验属性，我们就需要质疑某些大数据专家提出的可以不要理论的观点——关键词和算法模型的选择就是未来需要解决的重大理论问题。

再次，即使大数据预测基于的是“全数据”，也需要进行数据筛选。数据筛选包括两部分：一是抽样（Sampling），解决大数据的代表性问题；二是去噪，解决大数据中的噪音问题。先分析大数据的抽样，从抽样的基本诉求上看，大数据样本与传统的小数据样本所要面对的问题是同质的——大数据本身并没有避免样本选择的偏差。大数据的来源，Google 搜索行为数据、Twitter 数据、智能手机 App 的数据都只是自我选择的数据（只包括经常上网和使用智能手机的人，甚至须是乐于使用 Google 而不是 Baidu 的人），并不具有同随机抽样所获得的小样本一样的代表性。这类似于去医院就诊的肯定是存在有效需求——看得起病且相信医院——的患者，而非所有的患者。再来分析大数据中的噪音去除，在大数据时代，数据总量以几何级数增长，但增加的并不都是有用数据——噪音要比有用数据增长得快（例如，网络水军的“刷单”、“刷好评”和“灌票”就会造成数据噪音）。所以，数据量大并不一定有效信息多，噪音会起到破坏作用。如果说小数据时代要做加法，以收集有效数据作为开展工作的前提，那么大数据时代则

---

① 从复杂科学的视阈看，很多宏观的经济社会现象都具有“涌现”的性质。所谓“涌现”，是指新的整体系统出现了不可还原和无法通过将个体简单加总来解释的性质，即整体大于各部分之和或整体出现了个体不具备的属性（例如，一男一女组成的家庭的经济效率更高，并且具有两者是独立个体时不拥有的新的属性）。由于通过“涌现”而产生的性质是任何既往观察过的个体及其简单组合所无法涵盖的，故在逻辑上，当预测对象是如宏观经济危机之类（超越了个体及其简单组合的经验范畴的）具有“涌现”性质的复杂现象时，我们没有理由对基于归纳以往的经验事实（海量个体及其简单组合）而做出的大数据预测的效果抱以乐观态度。参见 William Arthur, “Complexity and the Economy”, *Science*, New Series, Vol. 284, No. 5411, 1999, pp. 107 - 109.

要做减法，以去除噪音、提高数据质量为第一要务。在统计学中，将噪音误视为有效信息的情况被称为过度拟合，其必将降低大数据预测的可靠性。换句话说，大数据不等于会自动产生好的分析结果，如果不对数据进行合理的筛选，照样是“垃圾进，垃圾出”（Garbage In，Garbage Out）。

最后，不关注因果关系是一柄双刃剑。从哲学视角说，自我局限于相关性而有意忽视因果性，几乎可以被视为一种偏执的迷信，原始迷信的形成就是源于相关性。但是，大数据预测毕竟也需要经世济用，而在很多生产生活领域，仅仅了解相关性是无法指导实践的。比如说，在炎热的夏天，冰淇淋的销售量和海边溺水身亡者的数量是显著正相关的，但这种相关性对我们来说能有什么指导意义，难道说要禁售冰淇淋？相关性只是因果性的前提，为了解决实际问题，我们还是需要在理论上分析事物之间的因果性，否则当我们面对宏观经济波动和微观市场失灵时，我们该如何在各种相关性之间进行抉择并采取有效行动呢？于是显然，不以理论和假设为基础是一柄双刃剑。不依赖理论和假设的好处是系统设计者有充分的自由度，模型设定不受局限。① 由于大数据预测来源于数据本身，在某种意义上可以被视为数据间自发交互作用的副产品，而非理论推导的必然结果。又由于没有理论基础，大数据预测并不考虑事件发生背后的因果性，而是直接通过设定的算法来发现不同类型数据间的相关性，进而给出预测。基于以上的理由，某些大数据预测的推崇者认为大数据意味着理论的终结，或者说大数据“预测”完全与“推测”无缘，而更像是所谓的“预言”。②

---

① 作为经济学预测的主要工具，计量经济学领域也存在一定程度上的去理论化的表现。正统的计量方法在构建模型时要以经济理论为基础来刻画解释变量和被解释变量（要预测的对象）之间的相互关系，这是所谓的结构性计量方法。由于感到结构性方法受理论的限制过多，且对于样本外情况的预测能力较弱，计量经济学家在20世纪80年代提出了向量自回归（VAR）模型。这种非结构方法的优势在于，当我们同时关注几个变量——如GDP增长率与失业率变动的预测时，可以将这些变量放在一起作为一个系统（该系统包括两个方程，当期GDP的解释变量只包括滞后期GDP，当期失业率的解释变量只包括滞后期失业率）来预测，以使预测相互自洽从而避免了变量的内生性问题。然而，非结构方法也有其弱点，这类模型的预测（脉冲响应函数）依赖于变量的次序，且无法揭示变量之间的当期影响。这使得计量经济学家不得不再把结构性方法请回来（当期GDP的解释变量包括当期失业率，当期失业率的解释变量也包括当期GDP），从而出现了结构向量自回归（SVAR）模型。

② “预言”的例子包括相面先生根据你的面部特征占卜你未来的吉凶，这实际上也是一套数代人积累的大数据相关性判断。不过相面先生更愿意把相关性打扮成因果性，大数据专家则乐于接受只存在相关性。

综上所述，如果不对大数据和其预测的局限性保持足够的警惕，大数据并不是完全没有可能沦落为“蠢数据”（Pig Data）。从方法论的角度说，由于大数据预测基于的是归纳法，所以其预测的成功极度依赖于未来情境与过往情境之间的相似性（保证相关系数基本不变）。不同于经济学预测起码在理论上可以根据当前的约束条件的变化调整预测，大数据预测的方法决定了大数据系统无法根据外部环境的变化而符合逻辑地自动调整预测，只能在预测失败后对系统设计进行人工的事后调整。大数据预测的缺陷在于关键词和算法的设定都具有先验性质，且大数据本身也有数据质量上的待解问题。大数据预测在功能上的边界其实就是相关性分析的功能的界限——仅仅知道相关性无法满足人类认识世界和改造世界的愿望，故大数据预测仅可以为理论层面的因果分析提供线索和基础，但相关性不可能取代因果性。

二、大数据对经济学预测的可能影响

我们指出大数据预测的缺陷和边界并不是要否认大数据的重大意义，而只是为了在新兴事物面前保持善意的怀疑。实际上，大数据的重要性不仅体现在实际领域的应用方面，而且对改善经济学预测也可产生显著的影响，即使大数据预测和经济学预测基于的是两套完全不同的思路与方法。我们按照图 4 – 1 和图 4 – 3 所示的方法论程序来讨论大数据预测与经济学预测之间的互补前景：

一方面，经济学方法和技术可以改善大数据预测：

其一，在大数据预测模型中，实际上也有某些先验主观的构建。经济学理论在决定这些带有主观性质的内容时会起到指导作用，如为初步选择关键词和初步设定算法提供理论线索。人类是有文化传承和知识积累的高等动物，我们在认识世界时总是戴着一副理论的眼镜。同理，无论是关键词还是算法的选择，都会受到研究者理论上的先验之见的影响。那种认为完全可以让数据自己发声而不需要任何理论的观点，或许可被称为“无知的僭越”。

其二，大数据仍然需要被筛选，否则总体数据样本中就会存在有偏的信息（数据抽样问题）和错误的信息（数据噪音问题）。大数据本身不能自动解决数据质量问题，反而可能令此问题更为严重。因此，大数据预测应该借鉴在经济学中已经很成熟的小样本数据质量控制方法，从而减少因数据偏差所引起的预测错误。一个或许可行的思路是，将官方统计或学界调查所得出的传统数据作为基准参照系来对大数据进行纠偏，以（主要来自网络的）大数据作为可实时更新传统数据的补充资源。若如是，就不仅是大数据影响了经济学的经验研究，而且是经济学传统的经验研究方法会对大数据产生重要的反作用。

其三，为了解决经济问题，大数据预测不能仅仅满足于相关性而完全放弃因果性，而因果性正是经济学理论所要探究的。大数据预测已经证明了网络搜索中的负面关键词的出现频率与接下来的股市下跌有相关性，但仅知道这一相关性能够带给我们何种政策启示呢，难道要封掉发表悲观言论者的 IP？为了掌握股民情绪，防止心理恐慌性的股价下跌，继续深究是何种原因影响了股民的网络搜索行为才是要务，这是经济学理论所关注的因果性问题。或许可以说，经济学理论能够帮助大数据预测找到真正有分析价值的问题。尤其是对于混合了常规统计指标的大数据预测模型（刘涛雄和徐晓飞，2015）[①] 来说，经济学理论对这种模型的设定会起到更大的指导作用。

另一方面，大数据方法和技术也有助于改善经济学预测：

其一，大数据为确认经济学模型中的约束条件提供支持。当模型的预测被证伪时，多数经济学家所采取的常规应对方式是重新确认模型中的约束条件。无论是弗里德曼还是其批评者，都认为经济学模型中的约束条件应该贴近真实世界。[②] 弗里德曼的老师，芝加哥学派的创始人奈特（Frank Knight）就批评理论家们所提出的关于经济制度的假设往往过于空洞。奈特认为应该把隐含的假设加以明确，并且假设的设定要参照真实市场竞争所发生于其中的实际生活情况（Knight，1924）。所以，如果真实的约束条件能够加强模型的预测能力，经济学家将会张开双臂欢迎。在大数据时代，经济学家亲自去观察生活不再是确认真实的约束条件的唯一法门，大数据技术广泛收集的收入、习惯、制度甚至基因等类型的信息显然会为经济学家认识真实世界提供未曾有过的路径。

---

① 刘涛雄和徐晓飞（2015）发现，一个线性回归模型同时使用常规统计数据和网络搜索行为数据可以有效提高大数据预测的准确度。

② 弗里德曼和其批评者们之间的差别在于，后者要求的不仅是辅助性假设（如“约束条件”）要与经验事实相符，且作为演绎推理前提的硬核假设也要与经验一致。

其二，大数据为修正经济学的前提假设提供新的可能。在预测被多次证伪，以至于调整研究纲领的“保护带”不再奏效时，重新建构模型的另一种方式是对“硬核”——如经济人假设——加以改造，行为经济学家采用的就是这种方式。在大数据时代开始之前，行为经济学家修正经济人假设的主要参数来源是实验室实验。实验室环境虽然有可控和可重复的优点，但毕竟与真实环境有所疏离。大数据时代的到来意味着我们可以获得的信息具有之前无法想象的深度和广度，从而更有可能从中发现人类行为的“异象”（Anomality），故大数据可以为行为经济学家构建基于人类真实主体行为的模型提供经验支持。

其三，大数据预测可以成为经济学预测的前导。经济学预测虽然也具有工具主义色彩，但毕竟是以理论为基础并关注因果问题。与之相比，大数据预测完全是依据数据本身，预测的准确性依赖于对变量间相关系数的正确估计和该系数的稳定性。按照波普尔的科学划界标准，大数据预测和经济学预测在经验上一样是可证伪的，故仍然可以在边际上增加人类知识的存量——未被证伪的大数据预测的结论可以作为经济学预测的研究起点。另外，大数据预测也可成为对经济学预测的一种对比式的补充性检验手段。[①] 大数据技术和经济学模型可以同时对宏观或微观经济问题做出预测，如果前者的预测精度优于后者，则前者所发现的变量间相关性有助于为构建和修正经济学模型提供经验启示。

第五节　小结

2012 年诺贝尔经济学奖获得者埃尔文·罗斯（Alvin Roth）把对经济学预测的检验分为三类：一是“与理论经济学家对话”（Speaking to Theorists），即检验经济学家已经充分阐释过的经济理论的预测，这类工作是典型的理论驱动。二是“寻找事实”（Searching for Facts），这涉及检验方法的

① 弗里德曼在检验的效果问题上持一种相对主义的宽容态度，因而似乎没有理由反对以大数据预测作为一种对比式的补充性检验。弗里德曼指出：“科学中从来没有确定性，而证据在多大程度上证实或否定一个假说，从来都无法被完全地‘客观’评估。”参见［美］米尔顿·弗里德曼：《实证经济学方法论》，载《实证经济学论文集》，商务印书馆 2014 年版，第 34 页。

设计，以便把已发现的规律性事实中的因果关系更准确地抽离出来，此类工作通常并不源于理论，而是被异常现象所激发；“寻找事实”的成功将使得构建关于行为规律的新理论成为可能，从而升华为“寻找意义”（Searching for Meaning）。三是“在王子耳边低语” （Whispering in the Ears of Princes），即通过对政策制定者所关心的主题加以实证考察，实现学界与政界的直接对话，此类工作通常含有直接或间接的政策目的。① 对预测的前两类经验检验与经济学的理论工作联系紧密，而第三类检验则更接近政策科学或者说是“经济学艺术”（Art of Economics）。②

按照以上划分，经济学预测及其检验兼有理论工作的成分和政策应用的追求，而大数据预测则几乎完全专注于政策应用领域，两者具有不同程度的工具主义色彩。一旦我们认识到归纳问题使得归真推理不可能获得完全意义上的真理，我们就会对经济学预测中的温和的工具主义色彩甚至大数据预测中的极端工具主义色彩持有更多的理解。这种工具主义的预测在政策应用领域有重要的价值，正如弗里德曼所说，“对经济政策的不同看法，主要产生于对所采取措施的经济结果的不同预测，这是一些可以由实证经济学的进步而消除的分歧，而不是产生于基本价值观的根本性分歧”。③ 当然，预测的政策价值的实现依赖于预测本身的准确性，而预测与经验的一致性的提升又寄希望于经济学理论和大数据技术的发展。在预测方法进步的过程中，两类预测并无互相替代的必要，反而可以通过互补作用彼此受益。换言之，大数据时代的到来为经济学预测的发展带来了新的机遇，而经济学理论也可以为完善大数据预测提供实践指导和思想线索。两种预测方法都有各自的缺陷和边界，为了提高人类认识世界和改造世界的能力，两者之间需要进行合理的互补性借鉴。了解世界从来不是只有一种方式，大数据预测为我们打开了一扇新的窗口，而两种预测方法的互补将令我们看得更清、更远。

---

① 参见［美］埃尔文·罗斯：《实验经济学概述》，载约翰·卡格尔、埃尔文·罗斯《实验经济学手册》，贾拥民、陈叶烽译，人民大学出版社 2015 年版，第 21　22 页。亦可参见［美］埃尔文·罗斯：《导论与概述》，载埃尔文·罗斯《经济学中的实验室实验——六种观点》，聂庆译，人民大学出版社 2007 年版，第 2 页。

② John Keynes，*The Scope and Method of Political Economy*，Kitchener：Batoche Books，1890/1999，p. 174.

③ ［美］米尔顿·弗里德曼：《实证经济学方法论》，载《实证经济学论文集》，商务印书馆 2014 年版，第 6 页。

综合本章的内容可知，经济学预测具有很大的局限性，而大数据时代的到来并没有自动地消除预测的困难。所以，经济学过去和现在都没有，将来也基本上不可能如某些自然科学学科（如实验物理学）一样给出精确的预测并加以经验检验。在此意义上，经济学无法成为所谓的硬科学。

接下来，我们将考察经济学近年来在分析工具上的一项重大进步——实验经济学的兴起。由于实验方法是自然科学的标准方法，故实验的引入的确令经济学看起来更接近于科学了。不过，实验方法真的能让经济学最终成为与自然科学等同意义上的硬科学吗?

第五章　对经济学中的实验的科学哲学阐释

自进入新古典经济学的发展阶段以来，经济学家们一直以其在实证研究方法和数学表述形式上最接近于自然科学而骄傲。然而，自经济学鼻祖亚当·斯密以降，不同时代、不同学派、不同研究领域的经济学家一直都对在经济学中采用实验方法保持了怀疑乃至拒斥的态度。对实验的抗拒使得经济学的自然科学化追求显得有些尴尬，因为实验方法的引入和推广恰恰是现代自然科学的显著标志与进步基础。缺少了实验这一最重要的经验检验手段，经济学始终无法成为真正严格意义上的实证科学，其后果是：虽然经济学家们接受了波普尔的证伪原则，并以此作为彰显自身科学性的最重要的旗帜，但是他们在实际工作中遵循的却是一种“无关痛痒的证伪主义”（Innocuous Falsificationism）。[①] 不过，科学学术共同体内部的偏见也许可以一时但却不可能永远阻碍科学进步的正确道路，随着一个学科的日益成熟，其成为一门实验科学的迫切性就越强烈。即是说，“一门学科在其先驱发展出处理相关变量的技术时就会走向实验化”。[②] 实验经济学之所以会产生，很大程度上源于经济学家们想为经济理论的因果检验提供新的更强有力的工具，这一新的工具——（实验室）实验——需要满足可控制性和可重复性的要求。随着 Maurice Allais、Herbert Simon、Rheinhard Selton、Vernon Smith 和 Alvin Roth 等经济学实验的倡导者和践行者陆续获得诺贝尔经济学奖，该学科的方法论问题受到越来越多的关注。实际上，纵观经济学

① ［英］马克·布劳格：《经济学方法论》，黎明星等译，北京大学出版社 1990 年版，第 167 页。

② Daniel Friedman, and Shyarn Sunder, *Experimental Methods: A Primer for Eeonomists*, Cambridge: Cambridge University Press, 1994, p. 1.

的思想史，对经济学的实验方法持有不同态度的经济学家们，都是某种科学哲学观的信仰者。所以，从经济学中实验方法的引入看科学哲学对经济学的影响，不能不说是理解科学哲学如何影响具体研究领域的一个重要视角。

第一节　经济学的实验室实验的基本性质

作为经济学的一个新兴分支，实验经济学要获得稳固的学术合法性，就必须建立扎实的方法论基础。但是，除了2002年诺贝尔经济学奖获得者Vernon Smith的一系列文献外（Smith，1976、1985、1989、1994、2002、2010），近年来少有在实验经济学方法论领域有公信力的著作。这种与具体问题研究的繁荣景象大相径庭的情况，很大程度上源于不同学科背景的研究者在问题意识和提问方式上的差异。一方面，受过严格主流经济学训练的经济学家的关注较多集中于方法论的技术层面（Binmore，1987；Binmore和Shaked，2010；Plott，1991；Groson和Cacher，2010）。这就使得他们的问题视野明显比较狭窄：缺少对实验经济学前史的梳理，无法从思想史的角度说明实验经济学产生的必然性和重要性；不熟悉科学哲学的著作，从而难以对实验经济学方法论的哲学基础有一个整体把握。由于以上两点，这些文献意识不到经济学理论的经验检验问题在实验经济学中的核心地位，往往沦为对方法论概况的零散评论。另一方面，有浓厚哲学背景的研究者的文献则把关注的焦点局限在了方法论的哲学层面（Guala，2005）。虽然有基于科学哲学对经济学检验原则的思考，但讨论往往是形而上学的，显得对实验经济学的进展的技术维度缺乏掌握，几乎都没有涉及实验方法给经验检验带来的革命性影响。经济学路径和哲学路径的断裂造成了当前实验经济学方法论研究的尴尬局面。

一、对实验方法的排斥及其后果

从科学史的视野看，实验与科学何者先产生实际上是一个“鸡生蛋还是蛋生鸡”的问题。无论如何，实验几乎就是科学的同义词，不可实验的或在实验中被证伪的理论都称不上是物理科学意义上的科学。不过，对经济学的思想史的回顾可以令我们发现，经济学长期以来就是一门对实验有深深怀疑的学科，经济学检验理论长期都依赖于粗糙的直接观察而非严格的实验室实验。例如19世纪中叶的古典经济学集大成者密尔认为，经济学中的因果关系交织复杂，无法在“其他条件保证不变”（Ceteris Paribus）的情况下进行可控实验（Controlled Experiments），故不可能通过“判决性实验”（Crucial Experiment）的方式来研究经济现象（Mill，1836/1844）。虽然古典经济学的很多观点都逐渐被新古典经济学所取代，但直至“二战”后，密尔对于实验的看法仍在经济学界位居主流，新古典经济学的代表人物萨缪尔森和弗里德曼等都认为控制实验在经济学研究中是不可能的。古典经济学家和新古典经济学家对于实验的共同排斥影响了经济学的教育，经济学系的学生们接受了更多的理论训练和更少的操作性训练，这种单向度的学术训练使得很多经济学门徒既没有兴趣也没有能力去设计和操作实验。

经济学家们对实验的长期排斥还是引发了一种非常尴尬的情况。在哲学理念上，他们先是受逻辑实证主义，后又受波普尔证伪主义的影响，把经济学定义为一门客观科学，认为应该依据经验事实来检验理论是正确的还是错误的，从而决定是接受还是拒绝该理论。而在实际工作中，由于排除了实验的可能，经济学家们没有严格的手段来检验经济学中的理论假说（Hypothesis），从而使得所谓的客观科学实际上并没有那么客观。

用更科学哲学化的语言来说，虽然有各种争议，但是在科学哲学界，波普尔的证伪主义仍是实验科学的最重要的检验原则。[①] 故而，经济学如果想成为一门客观的实证科学，那么证伪主义是其必须接受的理论检验原则。然而，由于缺乏实验手段，经济学家对证伪主义的态度颇有些阳奉阴违。一方面，大多数经济学家都认可了证伪主义，更有经济学方法论研究者自称是“一个不悔悟的波普尔主义者”。[②] 另一方面，经济学家对于证伪主义的热情只停留在口头上，在实际工作中几乎都倾向于证实而不是证伪理论。在证伪主义正流行的20世纪70年代，1973～1978年发表在《美国经济评论》上的542篇经验研究论文中仅有三篇论文试图证伪受检验的假说，其余的都是想证实假说（Canterbury 和 Burkhardt，1983）。逃避严格证伪检验的倾向似乎已经成了经济学家的恶习。

然而，科学学术共同体内部的偏见也许可以一时但却不可能永远阻碍科学进步的正确道路，随着一个学科的日益成熟，其成为一门实验科学的迫切性就越强烈。与自然科学一样，实验经济学中的实验，主要是“实验室实验”（Laboratory Experiment）。除了经济学家和心理学家早期的一些不太严格的尝试外，实验经济学这一学科的公认开端是史密斯（Vernon Smith）于1962年在芝加哥大学主办的《政治经济学杂志》上发表的《竞

---

① 经济学界对于“证伪主义”的普遍认可主要是受弗里德曼1953年发表的《实证经济学方法论》一文的影响。弗里德曼还讨论了经验检验的具体对象问题，这引起了一场著名的方法论之争：弗里德曼认为检验对象应该是作为假说（Hypothesis）的预测（Prediction），不涉及作为推理前提的假设（Assumption）。根据他的工具主义（Instrumentalism）观点，作为分析基础的假设是对经济结果做出预测的方便工具，假设是先验或经验根本无关宏旨，也就无所谓真假问题。萨缪尔森极力反对忽略对于假设的检验。他坚持：一个理论的完整的结果的有效性意味着理论本身的有效性，并且因此也代表了最低限度的假设的有效性。弗里德曼和萨缪尔森的差异实际上可以通过一个共同的哲学框架来表达，那就是反映了对波普尔（Karl Popper）的证伪主义的不同理解。波普尔批判了逻辑实证主义所依赖的归纳法的天然局限，指出符合逻辑的检验标准应该是“证伪”而非“证实”。证伪主义坚持：一旦提出预测性的结论，这些理论就要接受观察和实验的严格而无情的检验。经受不住检验的理论必须被排除，并被更进一步的猜想取代；即使经受住了检验，也只意味着理论尚未被证伪，可以暂时接受。弗里德曼的“工具主义”方法论中主张检验理论的结论，即假说（Hypothesis）的真伪。著名经济学方法论专家 Hutchison 率先将波普尔引入经济学（Hutchison 最早提出“经验检验的目的是判断理论的正误”），但他认为检验的对象应该是“假定”（Postulate），即弗里德曼所说的“假设”（Assumption）。Hutchinson 的观点与萨缪尔森的理解一致——萨缪尔森遵循的是用“操作主义”（Operationism）的语言表述的证伪主义。参见 T. W. Hutchison，*The Significance and Basic Postulates of Economic Theory*，London：Macmillan，1938.

② ［英］马克·布劳格：《为何我不是一个建构主义者——一个不悔悟的波普尔主义者的自白》，载［英］罗杰·巴克豪斯《经济学方法论的新趋势》，张大宝等译，经济科学出版社2000年版，第145页。

争性市场行为的实验研究》一文。实验经济学的方法论出发点仍然是主流的“预测—检验”体系。每一个经济学的实验包括三个主要部分：环境、制度和行为。环境说明初始禀赋以及交易中的偏好和成本，控制环境的方式是使用货币奖励去引导期望的特定的价值/成本配置。制度定义市场交流的语言（信息），它是管理交易信息的规则，它还是使信息成为有约束力的契约的规则。环境和制度在实验中作为控制变量而存在，即是说，参与者在实验室中的行为变化的因果性通过环境和制度的设定而被控制，可观察到的行为结果被用于检验根据经济学理论所得出的预测性命题。

也许是出于对很多同行逃避严格证伪检验的反感，自实验经济学诞生以来，实验经济学家的早期工作多数围绕给经济理论的命题提供严格的证伪检验方法来展开。正如 Vernon Smith 所说，“科学的标志是对于科学的建构性怀疑态度”，而“波普尔的证伪主义方法论的原理性贡献在于在发展怀疑性研究的正式逻辑方面做出了有影响力的尝试。虽然在无法给出符合科学方法论的法典化程序的意义上，这一尝试是不成功的（所幸任何这类尝试都注定失败），但这并没有削弱证伪主义视角在发现科学问题上的意义。证伪主义对于实验经济学家的价值在于促使他们去思考如何设计实验以保证如下性质——潜在可观察的结果能被划分为与某一（给定的）理论一致和与其他（给定的）理论一致的各个部分”。① 之所以有这样的定位，是因为：在一定程度上，实验经济学也可以理解为经济的实验学，它关注经济学的实验方法和技术，并且是重要的经济学数据的来源。所以，与其他试图超越主流新古典范式的新兴分支相比，实验经济学具有浓厚得多的工具性质，而作为工具的实验的最重要的服务对象就是检验理论。

二、经济学中缺失严格证伪检验的原因

经济学长期以来缺少实验的恶果是经济理论缺少严格的证伪检验。这是因为实验之外的传统经验检验方式在技术层面存在缺陷，同时，不做实验的经济学家们在哲学层面更乐于倾听和相信适用于逃避严格证伪检验的思想和观点。

---

① Vernon Smith, “Experimental Economics: Reply”, *American Economic Review*, Vol. 75, No. 1, 1985, p. 265.

第一，技术层面的理由是，作为当今经济学最重要的经验检验方式，经典的计量经济学在模型设定和数据质量上存在重大的缺陷。

在设定模型阶段，由于模型的设定和选择依赖于理论，尤其是其中未经检验的假设（Assumption），计量经济学只能在一系列特定的行为和技术假设下检验有关假说。由于分析方法的限制和不同参数数据可得性的差异，选择模型时经常不得不迁就于技术上的可行性和数据收集的可能性，而不能完全依赖于研究的目的。更成问题的是经典计量方法只能处理正常现象，而不能处理出现频率低却影响更大的“黑天鹅”现象。经典计量方法研究具有统计规律的经济现象和因素之间的关系，一旦模型中的扰动因素不是白噪声而是有色噪声，经典的计量方法的局限就会显现。从统计学的角度看，“黑天鹅”现象恰恰是具有很大非规律性的随机事件。在解释最可能产生理论创新的现象时（如20世纪六七十年代的日本经济起飞和当前的中国之谜），经典计量模型无法处理“野点”（Outlier）的缺陷限制了它的可用性。所以，传统的计量方法只能检验它能够检验的理论，而无法检验真正需要检验的理论。

在检验模型阶段，数据质量的问题凸显无疑。计量经济学利用的都是在非控制环境下收集的数据，这类经济数据存在重要的缺陷。一是非控制环境下收集的数据的“混合性”与检验所要求的“可分性”的矛盾。作为检验依据的经济数据是以混合性的经验数据的形式存在的，这种混合性数据在进行检验时，无法抽离出可体现理论参数变化的分类性质。这样的检验就只能是一种包含大量未知的干扰因素的联合（Joint）检验，从而在根本上失去了检验的可信性。二是非控制环境下收集的数据具有不可重复性，而理论检验的结果要被广泛信服，就必须可以多次重复检验。一次性的在非控制环境下收集的数据无法支持在相同情境下多次检验。三是经济学家不必对数据的来源负责。不同于物理学家或化学家，经济学家传统上只是数据的使用者，而非观察收集者（尤其是对于宏观经济数据）。非控制环境下收集的数据大都来源于政府部门的调查和企业部门的会计账簿，如果经济学理论的检验结果与经济学家的目标不合，那么大可把原因归咎于数据的来源。

第二，哲学层面的理由是，科学哲学中某些有弹性的内容为经济学逃避严格的证伪[①]检验提供了理论依据。

波普尔思想的广泛性和难免夹杂其间的模糊性助长了经济学家们的逃避心理。尽管严格的证伪检验是波普尔对待实验科学的硬性要求，但是他却对经济学的证伪检验提出了特殊的标准。1963 年在哈佛大学经济系，波普尔在演讲中承认理性经济人假设虽然不是“先验为真”，但却是“先验”（à Priori）的。根据波普尔的看法，理性经济人假设是可检验的经济学理论的整体的一部分，但它的地位却很特殊——本身可以免于检验和驳斥。于是，主流的经济学家们似乎可以放心地认为经济学理论中的硬核（对代表性个体的理性行为假设）是有免疫性的。

波普尔事业的继承者拉卡托斯的科学研究纲领进一步疏解了证伪主义的严格性给经济学家造成的紧张感。拉卡托斯认为，科学中不存在即时的合理性，研究纲领的演化过程是非常复杂和充满反复的，严格的证伪主义是在扼杀理论发展的可能。与科学研究纲领的整体属性一样，拉卡托斯对于经验检验问题的态度非常宽容：在一个研究纲领中的早期工作被描述为是在不考虑观察所提倡的显见证伪的情况下进行的，必须给研究纲领提供机会以构造一个精致和适当的保护带。即使当一个研究纲领发展到适于接受经验检验的阶段时，无法通过检验也只不过表明还需要做更多的工作来补充或修改保护带。即是说，在一个更好的理论出现之前不存在任何证伪（Lakatos，1970）。这对坚持主流方法的经济学家们是个好消息，只要确认或确信自己既有的研究方法比他们的对手好，就不必担心受到方法论上的致命攻击。

以上技术和哲学层面的原因似乎为经济学家们逃避严格证伪检验创造

① 从科学哲学的层面来说，不仅是证伪，确证（Confirm）在科学发现和理论进步中也确实有重大作用。证伪主义认为科学进步机会的唯一来源是大胆的和可证伪的猜想，这种看法是颇值得商榷的。在科学研究中存在两种有价值的极端理论：在一个极端，有一些表现为大胆的、有风险的猜想的理论；在另一个极端，则有一些表现为谨慎的、几乎无风险的猜想的理论。证伪谨慎的猜想之所以能够增进知识，是因为它证明了被认为是毫无疑问正确的猜想事实上是错误的。确证大胆的猜想也能增进知识，并且会为科学知识做出重要的贡献，因为它们标志着发现了某种事物，而这种事物是前所未闻的，或者被认为是不可能的。反之，从对大胆猜想的证伪或对谨慎猜想的证实中，几乎学不到会对科学进步起作用的东西。参见［英］A. F. 查尔默斯：《科学究竟是什么（第三版）》，鲁旭东译，商务印书馆 2009 年版。经济学中有大量的以对大胆猜想的确证或者对谨慎猜想的证伪为标志的理论发展的例子。证实“工资提高使工人的劳动时间缩短”的大胆猜想引出了向后弯曲的劳动供给曲线；而证伪“商品价格和其销售数量成反比”的谨慎猜想则产生了吉芬商品的概念。

了足够体面的借口。但是，它们都经不起推敲，且彰显了在经济学研究中引入实验方法的必要性。

首先，技术层面的理由不成立。因为分析方法和数据条件上的缺陷正是科学发展过程中需要克服的问题，解决检验中的技术难题本身就是科学进步的重要标志之一。以检验技术为借口逃避检验的严格性和彻底性正是经济学不成熟的标志，而检验技术正是实验经济学致力于解决的问题和优势所在。除非能进行可控实验，否则对经济理论的检验依然有限。只依赖于在不可控环境下采集而得的数据很难确定一个理论是否失效，什么时候失效，为什么失效。其次，哲学层面的理由并不是检验的策略，而是逃避检验的策略。如果经济学坚持如此，那就变成了修辞学。辅助性假设应该是需要通过经验检验解决的问题本身，而非用以逃避检验的手段。用科学哲学术语说，保护带（Protective Belt）中特设性（Ad Hoc）的辅助性假设往往并不能增加可检验的假说，只是使得硬核（Hard Core）中的先验因素更加僵化。

由非实验性所造成的经济学检验在技术层面和哲学层面的缺陷可以归结为一个根本的问题，即检验的不充分决定性。该问题以“迪昂—奎因论题”（Duhem – Quine Thesis）的形式成为经济学的传统检验方法和实验检验方法都必须解决的方法论问题。根据该论题，任何理论都可以通过对培育生成它的背景知识的适当调整而永远免于被彻底反驳。依靠建立在（拒斥实验的）传统经济学基础上的理论检验手段和其哲学观显然难以回应“迪昂—奎因论题”的挑战，无法满足经济学对于科学化的期望。于是，新兴的实验经济学承担起了解决严格证伪检验难题的任务。

第二节　实验经济学方法论与技术视角的严格检验

一、实验中的“内部有效性”和“外部有效性”

在实验经济学方法论的技术层面，我们必须要问一个关于“内部有效性”（Internal Validity）问题：实验室实验何以克服传统计量经济学检验方法的不足，进行正确的因果推断，从而创造出关于经济学的新知识。答案是：实验室实验所固有的“可控制性”（Control）和“可重复性”（Replication）极大地弥补了传统检验的缺陷，为实现严格证伪提供了可能。

“可控制性”指的是大部分影响行为的因素保持不变而同时允许我们感兴趣的因素可变。实验可控是可重复的前提，“可重复性”意指其他研究者能够进行一样的实验，并通过相同的实验设计获得同样的结果。可控制和可重复是对理论进行严格的经验检验的基础。因为，如果像在自然条件下采集的田野数据一样，无法独立控制环境和制度，检验就成了对于理论的环境、制度和受试者（Subjects）行为的假设的联合检验。如果理论通过了检验，可能是因为理论的所有成分都符合，或者是因为理论中不符合的成分的效果已经被抵消而无法被检验所识别。如果理论没有通过检验，经济学家无法知道何种成分应该为被证伪的结果负责。而可重复性保证了可以通过多次的重复实验证明实验观察和理论预测之间存在的不一致属于系统性违反，而不是偶发误差，只有前者才可能产生新的因果解释。

在技术层面上，实验经济学还需要回答“外部有效性”（External Validity）问题，即必须解释简单的实验设计是否会损害其对于真实环境的意义。实验经济学家们认为，正如自然科学的一般原理放之四海而皆准，并行原理（Parallelism）可以保证经济学实验也有同样的性质：在实验室中，使用诱发价值方法设计的实验环境可以相对真实地再现自然环境下的激励结构，受试者受物质利益的驱动，在实验环境中的行为表现与真实环境中的行为表现不会有质的差异。并且，理论若通不过简单实验的检验，更遑论它能与更为复杂的环境相吻合。

二、实验经济学的检验步骤

一旦内部和外部的有效性可以成立，实验方法就能够被视为对经济理论的预测性假说进行经验检验的可靠工具，因为其解决了经济模型中因果性不易控制的问题。利用实验方法来检验经济学预测有五个步骤：第一步，使用一种物质性激励来影响受试者的行为，然后对受试者的行为变化加以观察。第二步，将某一个经济理论模型的预测与实验室中得出的行为规律加以对照。第三步，如果实验的经验结果与理论预测一致，则我们要通过调整环境参数来进行稳健性检验；如果理论预测被实验结果所证伪，那么我们要去探究理论失败的原因。第四步，找出理论失败的原因的方式是从实验结果来倒推出理论的逻辑前提的可能错误，然后提出新的假设。[①] 第五步，如果存在支持新假设的特征事实（Stylized Facts），则根据新假设构建相应的模型，得出新的预测性假说，进而重复实验检验的步骤。

虽然不同学派的经济学家们对于作为推理前提的基本假设的经验含义是否应该经受检验的问题上观点各异，但是他们都把理性经济人这一行为假设作为模型的逻辑起点。自西蒙（Herbert Simon）提出有限理性假说以来（Simon，1955），新古典的完备理性和完全自利等核心行为假设就不断受到挑战，而实验经济学的发展为这些挑战提供了有说服力的数据源和技术手段。虽然主流经济学家们更多地倾向于确证而非证伪（或多或少具有先验色彩的）传统行为假设——否则他们在学术上的沉淀成本将不再有任何生产性。然而，实验已经证明了个体的决策受框架效应（Framing Effect）和禀赋效应（Endowment Effect）等因素的影响，并非按照 Von Neumann - Morgenstern 效用函数所描述的完备理性下的最优化模式来决策（Rabin，2002）。此外，实验证明了利他与合作行为的产生除了依靠外界强制力，也存在行为人的内在自发心理机制（Fehr 和 Fischbacher，2004）。最后通牒实验、独裁者实验和公共物品实验等都表明，人类具有内嵌于心智中的公平倾向，愿意做出表面看来损害私利的选择。实验室中对经济学理论的经验检验机制见图 5 - 1。

概言之，实验经济学对理论的检验同时指向作为逻辑推理之前提的假设和作为逻辑推理之结果的预测性假说。从顺序上说，实验方法肯定会先检验预测，因为预测是否与经验事实相一致是科学理论正确性的核心判据。如果理论所做出的预测为实验结果所证伪，那么下一步检验的对象可能就会是作为逻辑前提的假设，从而就有了做出理论创新的可能。无论是对假设还是对假说的检验，我们在实验室中进行的都是可控和可重复的工作，这就意味着对于经济学命题的严格证伪检验在技术上具备可行性，从而可以为回应哲学视角下的“迪昂—奎因论题”提供实验技术上的帮助。

---

① 之所以可以提出新的行为假设，是因为我们在严格的实验室环境中控制了环境和制度变量，于是，理论的失败就必须由行为假设负责。所以，经济学中实验室行为实验可以为经济理论的创新提供新的支持平台。

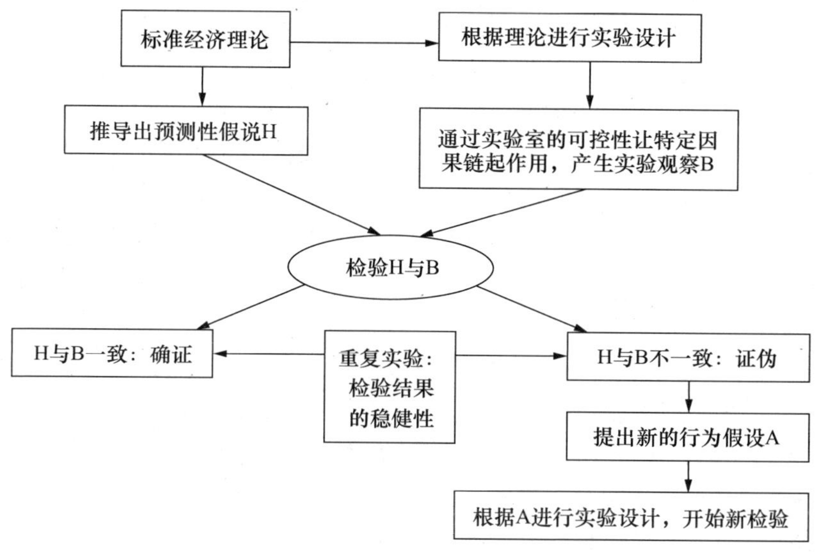

图5－1　经济理论的实验室实验的检验机制

第三节　实验经济学方法论与哲学视角的严格检验

一、经济学实验中的“迪昂—奎因论题”

为了巩固自身的学术合法性和在方法论上更具说服力，实验经济学不仅要实现实验技术上的进步，还需要回应哲学层面上的挑战。

对于任何一门实验科学来说，最关键的哲学挑战都是所谓的“迪昂—奎因论题”，这也是实验经济学领域挥之不去的幽灵。按照“迪昂—奎因论题”的标准说明：任何对实验对象的检验都是所谓的联合检验（Joint Test）。实验是由若干前提——包括大量的辅助性假设和初始条件——一起构成的。当实验者检验一个理论时，其所做的实际上是一个联合检验，即对理论和大量的辅助条件的整体检验。因此，实验的结果不能决定性地说明任何问题，即实验结果无法将任何理论彻底证伪。出错的原因可能是辅助假设的设定错误、初始条件的设定错误或者理论本身确实有误，到底何者应该为无法通过证伪检验负责，至少在逻辑上是无法清晰判定的。实验经济学的实践工作实际上都与“迪昂—奎因论题”有关（Smith，2002）。

“确证”（Confirm）和“证伪”是实验室检验的两种可能结果，我们可以区别一下在引入“迪昂—奎因论题”的逻辑前后，“确证”与“证伪”这两种结果在逻辑表述上的差异。借助于此，我们可以更明晰地掌握“迪昂—奎因论题”对实验经济学的工作的影响。

在图5－2中，“→”代表待检验假说和经验证据之间的关系，即如果有假说H，那么存在相应的经验证据e；“¬”代表否定式；“∃”代表存在量词；（2）和（3）之间的横线用来区分前提和结论；p表示可能或者有更大可能成立。对于情况A，经验事实与假说相反，那么假说H被证伪；反之，对于情况B，确证意味着经验证据与假说相符合，对假说H的信念在一定程度上增强了。

按照“迪昂—奎因论题”，经验预测的推导通常涉及一个假设集合，包括一系列初始条件和辅助性假设。于是，对预测的经验检验就成为了一个联合检验，从图5－2的简单情况变为了图5－3的复杂情况。

情况A(证伪):

(1) $H \rightarrow e$

(2) $\neg e$

(3) $\neg H$

情况B(确证):

(1′) $H \rightarrow e$

(2′) $\exists e$

(3′) $p(H)$

图5－2　对于证伪和确证的简单情况的逻辑表述

情况A*(证伪):

(1*) $(H \wedge I \wedge K) \rightarrow e$

(2*) $\neg e$

(3*) $\neg (H \wedge I \wedge K)$

情况B*(确证):

(1*′) $(H \wedge I \wedge K) \rightarrow e$

(2*′) $\exists e$

(3*′) $p(H \wedge I \wedge K)$

图5－3　对于证伪和确证的复杂情况的逻辑表述

在图5－3中，“∧”代表合取；I代表初始条件的总和；K代表辅助性假设的总和。图5－3说明了联合检验的一个最大麻烦：通过否定e，我们无法再否定 H，我们仅能否定集合｛H，I，K｝，而不可能鉴别集合中的哪一个部分应该对预测的失败负责。于是，“迪昂—奎因论题”的重要性在于，如果通过实验无法找到理论出错的根源，那么实验经济学探究理论被证伪的原因的整个失败解剖学的架构都是不合理的。

二、实验经济学家对“迪昂—奎因论题”的回应

对“迪昂—奎因论题”的温和回应是：实验经济学可以限制该论题的效应。

在实验经济学家看来，哲学家可能夸大了“迪昂—奎因论题”的严重性，实际上，没有模糊性就没有什么值得去讨论。实验经济学的信条是：检验被精确定义的理论；依据理论清晰地解释结果；在完成这些目标时尽量少利用辅助性假设。如果你遇到涉及辅助性假设的联合命题，那么你就做新的实验去检验它们。如果辅助性假设不是可检验的，那么那才是你最需要检讨和改善的问题。

同时，实验经济学的技术层面的进步为其方法论的哲学层面提供了掩护。“迪昂—奎因论题”的本质是涉及辅助性假设的联合检验，通过实验设计来控制实验中的环境和制度，实验经济学家们已经在很大程度上能够做到关乎基本假说检验的初始条件和辅助性假设的显著减少或被控制，故“迪昂—奎因论题”所引起的麻烦在实验室中更易于管束。实验室可以在理想状况下，使用校准过的精确的设备测量初始条件，而且初始条件在很大程度上可以在实验室中按照实验设计者的意愿来设定。相似地，对于辅助性假设，实验室可以隔离干扰因素，使其不会影响预测，而且可以通过仔细监控实验过程来找出任何不受欢迎的妨碍。

对“迪昂—奎因论题”的更激烈的回应是：“迪昂—奎因论题”本身就是个伪问题。

一些实验经济学家认为，“迪昂—奎因论题”反映了后现代哲学观的消极性，它忽略了实践者们最重要的日常工作。在实验经济学家那里，可能并没有这么多的方法论出发点，他们认为作为哲学修辞的证伪的严格性并不重要，重要的是做实验，是实践的价值。如果你注意实验经济学家所做的事，而不是他们所说的话，你就获得了科学研究的正确图景。

实验经济学家的底气来自实验工作的特殊性：检验基于的是非理论的

直觉、猜想和关于程序的经验知识。实验情境、受试者、实验说明、参数设定等的决定没有现成的理论答案（虽然可能提供间接的启示），而正是它们的进展构成了定义方法论的实验知识。实际的实验工作的检验纲领本就无法依据“迪昂—奎因论题”的修辞来描述。因此，虽然识别辅助性假设的过程受“迪昂—奎因论题”引导，但是实践者们并不需要科学哲学知识就能在实验室中采取正确的步骤。科学的实际工作者与其关注哲学争论，不如为足够好的解决方法创造更多的可能，如新的测量系统的形成、实验工具箱的升级和理解的深入。不论理论的预测性假说是否通过了实验观察的检验，检验都具有内在的模糊性，通过实验技巧和想象力来减弱模糊性正是实验方法创新的最大动力。于是，实验经济学的哲学层面为其方法论的技术层面的发展夯实了学术合法性。

科学史上有很多这样的例子，伽利略、牛顿、爱因斯坦的科学发现都含有大量的辅助假设，并且以比实验观察更不精确的直接观察为数据源，但这并没有影响他们的科学创见。而且正如实验经济学的方法论观点与“迪昂—奎因论题”不一致一样，他们的观点在当时的主流哲学观和世界观看来更是离经叛道。因而，“迪昂—奎因论题”的盛行在某种程度上代表了科学哲学的理论工作和科学研究的实践工作的断裂及其副作用。哲学家的观点已经长期同反映实验室工作实践的实验科学相分离，他们典型地进行着相当抽象的对知识的一般来源和性质的猜想，就好像实验室的实验不具有独特的性质，进而无法根据这些性质修补此种断裂的分析。

通过实验经济学家的实际工作方式和他们回应“迪昂—奎因论题”的策略我们可以看到，方法论工作者和从事实际研究的科学家之间取向上的差异，前者致力于从事批判和夸大研究中的不精确性，而后者则乐于通过经验的积累来改善实验技术，从而降低研究的不确定性。我们可以从中得到相应的方法论启示：方法论最重要的任务也许应该是为具体的科学研究工作提供路线指导，而不是从事为科学和非科学进行划界的工作。理论上的划界标准的确立可能会适得其反，阻碍科学家朝着不同的方向各自进行探索，从而违背费耶阿本德的科学无政府主义的观念。

第四节　实验方法的功能拓展

一、作为建模方式的实验经济学

虽然与数学化倾向一道，经验检验尤其是实验性质的检验在形式上强化了经济学的精密科学色彩。但是，2008 年金融危机的爆发表明经济学在对经济运行规律的理解上似乎并没有取得实质性的进步。

金融危机的事实已经证明，新凯恩斯主义和理性预期学派的宏观理论都无法令人信服地解释和预防经济危机，因为它们在建模时采用的都是简化主义的思路，即把宏观结果的改变视为从简化的假设推导出的均衡的移动。所以，从最普遍的认识世界的规律看，对异质个体行为的分析才应该是宏观经济研究的合理起点，而行为分析的基础则是实验。

因而，实验经济学在未来必须通过自身的拓展承担重塑经济学研究范式的任务，以回答金融危机所引发的对经济学的一系列叩问：为什么经济学模型没能预见危机的来临？为什么经济学家未能对这次危机给予足够的警示？将来的经济学研究必须如何转变才能够使我们预先防止这样的危机？实验经济学在这一研究方向的转变中又能发挥何种作用呢？

要回答这些关乎经济学学术合法性的问题，就必须先重申经济学在研究范畴上的分类。虽然彼此交叉，经济学的研究领域仍然可以分为三部分：预测的经济学、描述的经济学和规范评价的经济学（Sen，2004）。

实验经济学已经在预测的经济学领域做出了令人瞩目的工作。针对预测的经济学，实验方法提供了进行严格证伪的可能，大大促进了理论结果和实验室检验之间的对话，强化了经济学的科学气质。但是，如果要通过实验方法的拓展来深化人类对于经济规律的认识、应对金融危机提出的挑战的话，实验经济学在未来的发展方向应该聚焦于描述的经济学和规范的经济学。

针对描述的经济学，实验方法丰富了描述的内容（包括环境、制度、行为），加强了对个体行为描述的精确性（基于可控和可重复）。但是，这种进步仍然还只停留在为预测的经济学服务的阶段——对受试者行为的观察和描述是保证预测检验的准确性的前提。未来的实验经济学应该强化其作为建模方法的一面，推广从对实验结果的描述出发的新的建模思路，即卡尔多（Nicholas Kaldor）所坚持的以“特征事实”为起点，归纳性地建构一个经济学模型以解释这些事实的做法。金融危机表明简化主义的建模方法在处理宏观经济学问题上已经出现边际收益递减甚至为零，替代性的且最符合人类一般认识规律的建模方法应该是对象导向（Object Oriented）的，经济学家们应该以实验为建模方法，把经济学的建模思路从同质性的先验的虚幻理性主体假设转向异质性的真实经济活动参与者行为。

仅仅如此还远远不够，作为一种建模方法的实验经济学必须引入规范的价值维度的思考，才能对经济规律有更深入的理解。因为，广义的社会价值因素会影响和塑造不同的心智和行为模式，并可以与情境的多样性一起解释异质主体在相同的逻辑框架下的行为差异。然而，现实情况是，实验经济学与规范经济学的联系还远远不够，这与实验经济学过度强调实验的自然科学属性，忽略了经济学的哲学（尤其是伦理学）传统有关。史密斯（Vernon Smith）近年也认识到了由此造成的方法论缺陷：由于实验中的隐含假设组合的任一部分都可能是实验误差的祸首，现有的经济学实验检验往往为了减少实验误差而只针对非常狭隘的主题。这是一种消极地掩饰问题而非解决问题的做法，经济学实验绝不能只检验按照既有理论来设计需要检验的部分，检验还应涵盖社会的、文化的、历史的等形成实验主体特征的广义价值因素（Smith，2010）。实际上，Vernon Smith 近年来的一个主要研究方向就是借用亚当·斯密（Adam Smith）的“同情”（Sympathy）①

① 史密斯和亚当·斯密所定义的“同情”的生物基础是人脑具有道德想象的功能，同情是人类通过代入式的想象来分享其他人的感受，又由于人类具有（应激反应而非理性计算式的）渴望赞扬厌恶责备的天性，人类可以产生在所有物种中特有的适宜的对他人的同情。这为人类为什么可以超出内部集团的界限，实现与陌生人的合作，进而达成人类合作的扩展秩序提供了一个（在制度约束下的理性互惠之外的）补充性的行为视角的解释。（参见 Vernon Smith，“The Two Faces of Adam Smith”，*Southern Economic Journal*，Vol. 65，No. 1，1998，pp. 1 – 19；Vernon Smith，“What would Adam Smith think?”，*Journal of Economic Behavior & Organization*，Vol. 73，No. 1，2010，pp. 83 – 86；Maria Paganelli，“The Same Face of the Two Smiths：Adam Smith and Veron Smith”，*Journal of Ecomomic Behavior & Organization*，Vol. 78，No. 3，2011，pp. 246 – 255）中国传统文化中有类似的表述，如《孟子·告子章句上》有云：“恻隐之心，人皆有之；羞恶之心，人皆有之；恭敬之心，人皆有之；是非之心，人皆有之。”

学说，对人类为什么会有广泛的合作，从而可以产生繁荣的商业社会提供了一个与理性互惠视角互为补充的解释。①

近年来，人类心智中内在的合作倾向和对于公平的认同已经得到了实验结果的支持。所以，实验经济学未来在经济模型的建构领域将承担更为基础和更为重要的工作，即通过实验掌握人的真实行为，为建模提供依据。实验经济学将不再只是一个检验理论的手段（对异质主体复杂系统模式的预测的检验当然也是实验的一项重要任务），而是一种标志着范式转换的建模方法。从科学哲学的角度看，实验经济学研究领域和方法的拓展代表了经济学家对费耶阿本德所主张的科学无政府主义和多元方法论的接受，反映了对新古典经济学所秉持的启蒙时代以来的建构主义理性的抛弃，从而实现了对亚当·斯密和哈耶克所主张的演化理性的重拾（Smith，2003）。

二、两种实验经济学功能的比较

我们可以通过表 5 – 1 来阐明经济学理论的经验检验发展的思想史，并对两种维度的实验经济学——作为检验手段的实验经济学（定义为“实验经济学Ⅰ”）和作为建模方法的实验经济学（定义为“实验经济学Ⅱ”）的差异——加以对比。

表 5 – 1　经济学检验的发展历程和其科学哲学背景

代表和阶段	方法论核心	科学哲学基础	对实验（经验）的态度
约翰·密尔 成熟期的古典经济学 （作为常规科学）	先验原则：理论来源于假设，而假设可以与事实无关，也不必假装与事实存在普遍的一致	继承了培根传统，认识论上的归纳主义者；但认为归纳主义适用于物理科学，却不适合经济学	通过经验检验识别干扰因素，以完善理论的运用边界；认为极少有可能在经济学研究中进行实验

① 但是，Smith（2010）也清醒地认识到，这种内在道德的支撑往往是脆弱的，物质的诱惑和政治的干预都可能将道德约束挤出，面对巨大获利机会时可能的机会主义行为将碾碎市场经济的道德基础。2002 年安然公司的破产和 2008 年金融危机的爆发都与道德的崩坏紧密相关。

续表

代表和阶段	方法论核心	科学哲学基础	对实验（经验）的态度
莱昂内尔·罗宾斯 新兴期的新古典经济学 （进步的研究纲领）	经济学必须符合实证原则，没有经验事实的内容都属于伦理学而非经济学的研究范围	经济学的奥地利学派的先验主义；逻辑实证主义的实证原则：任何不可验证的陈述都既非真，也非假，而是没有实在意义	仍坚持经验检验是为理论完善服务的，而不是要判断理论正误；认为经济学一般化的信条并不依据可控的实验
米尔顿·弗里德曼 成熟期的新古典 经济学（常规科学）	提倡实证经济学的研究方法；认为经验检验的对象是作为假说的预测，而不涉及前提假设	工具主义；只针对预测进行检验的证伪主义	明确提出了要依据经验来检验理论正误；但认为经济学极少可以通过实验来检验特定的预测
保罗·萨缪尔森 成熟期的新古典 经济学（常规科学）	强调理论要能推导出可检验的操作性含义；假设和假说都要对应描述性事实，所以检验对象既包括假设也包括预测	操作主义；描述主义；按照维也纳圈子的语言所表述的证伪主义	认为一种发现经济法则的可能的方法就是通过可控制的实验，但经济学家不容易控制其他重要因素，因此无法实验
当今主流经济学 后成熟期的新 古典经济学 （退化的研究纲领）	口头上赞成证伪，在实际工作中倾向证实，并倚仗“其他条件保证不变”拒绝严格证伪检验	后期波普尔和其追随者，尤其是拉卡托斯的科学哲学：强调经济学的特殊性和检验的弹性	主张计量经济学的检验方法，一度拒斥实验经济学；近年逐渐认可实验方法进入主流话语体系
实验经济学Ⅰ 作为预测的检验手段 （补救退化的研究纲领）	检验被精确定义的理论；依据理论清晰地解释结果；在完成上述目标时尽量少利用辅助性假设	严格的证伪主义；坚持科学的实践原则；对“迪昂—奎因论题”的反驳	一门学科在其成熟到发展出处理相关变量的技术时就会走向实验化，实验室支持严格证伪检验
实验经济学Ⅱ 作为一种新 的建模方法 （可能的替代范式）	从对实验结果的“特征事实”出发，一种归纳性的建模方法；不承认任何行为假设作为演绎基础的先验合理性	科学无政府主义和多元方法论；反绝对理性的哲学观	实验的目的不仅是要检验理论，更要成为一种建模的工具，预测经济学要与描述经济学和规范经济学相结合

不论是在自然科学还是社会科学中，必要的实验工作通常是见效缓慢和艰辛的，并且距离可实际应用有一大段距离。但是从长远利益看，理想的基础是值得等待的。在这一艰辛的探索过程中，经济学的工程学传统和伦理学传统应该构成一个方法上的连续谱系，而不是两个截然不同的极点。因而，信奉不同传统的经济学家们对于方法论应该持开放的态度，允许多种方法论选择的并存，并对本学科的研究内容的多元性保持宽容。这既是实验经济学未来的拓展方向，也是对经济学鼻祖亚当·斯密所开创的多元化研究传统的回归。

第五节　小结

在工具的意义上，实验经济学又可以被视为“经济的实验学”，与计量经济学一样，实验经济学的主要作用之一可能是为检验经济理论服务。于是，与行为经济学、公共选择理论、制度经济学等新兴学科相比，实验经济学的工具色彩要更为浓厚。当然，由于可以对前提假设做出严格的检验，实验经济学对于经济学理论的创新也有积极的意义。由于实验经济学为经验检验提供了强大的工具，经济学的硬科学性质在一定程度上得到了强化。在实验经济学不断完善的过程中，实验经济学家凭借实验技术的发展为在哲学上回应“迪昂—奎因论题”提供了技术支持，这对于整个实验科学领域来说都是一个突出的贡献。

实验经济学的意义不仅于此，由于经济学的研究对象的复杂性和经济学具有不同的研究传统，实验方法在经济学领域的应用不应该被限制在新古典经济学所关注的狭义的事实维度。虽然不是所有的经济学理论都可以在实验室中进行实验检验，但实验经济学恰恰可以处理一些新古典经济学理论无法处理的主题。经济学的研究对象既有可以量化的事实部分，也有难以量化的价值部分。新古典经济学曾经因为后者难以量化而将其排除在经济学的研究范畴之外，而实验经济学的技术优势恰恰可以为我们重新思考价值问题提供新的平台。从思想史上看，实验方法所代表的工程学技术面向的只是经济学的思想渊源和研究传统之一，实验经济学的进步从工程学的角度看是让经济学更“硬”了；但从实验方法为经济学的伦理传统的回归提供了新的技术支持的层面看，实验经济学似乎又让经济学更“软”了。本章中我们已经初步讨论了该问题，而在下一章中我们将对此问题加以详述。

在本章中，我们只是对实验方法在经济学中的地位和作用做出了初步的回答——实验方法的确提高了经济学的经验检验的严格性，且其作用可以拓展到作为建模基础的维度。对于第四章结尾处的问题——实验方法是否能让经济学最终成为硬科学，我们实际上还没有给出明确的答案。这将是我们下一章中继续研究的主题。

第六章　实验视角下经济学两种传统的综合及其制度含义

实验经济学①的最初起源可以追溯到垄断竞争理论创始人张伯伦（E. H. Chamberlin）② 1942 年在哈佛大学进行的课堂实验。经过数十年来的发展，实验经济学已经从一个经济学大厦中边缘学科发展为一门显学。实验经济学的发展之所以能有如此蓬勃之势，与其在方法论上的优点关系紧密：其一，实验经济学能够提高检验经济理论的预测性命题的准确性，其可控制性和可重复性意味着更为严格的因果关系检验。其二，实验经济学可以研究很多用新古典经济学框架无法妥善处理的“异象”，如反映出利他和互惠等“亲社会偏好”（Social Preference）的行为，从而拓展了经济学的疆域。与任何一个新兴学科一样，实验经济学在发展到目前的阶段时需要建立自身的科学研究方法论体系。在建立方法论体系的过程中，实验经济学家需要首先回答的是学科性质问题：我们应该仅仅将实验视为一个可以补充已有的经济学研究方法的新工具，还是可以将其视作可能引起科学革命的新研究范式。在本章中，我们将追溯经济学的起源，即从经济学的研究传统出发来梳理实验经济学的学科定位问题。通过结合经济学的学科性质的梳理，我们将对实验方法是否会令经济学更接近硬科学有更清晰的认识。

---

① 实验经济学视角下的实验类型包括：一是实验室实验（Lab Experiment）：受试者为学生，实验由设计的环境框架和制度规则构成。二是人工实地实验（Artefactual Field Experiment）：受试者不是学生，其他与实验室实验相同。三是框架实地实验（Framed Field Experiment）：在用品、任务、信息、资金、时间等内容上尽量模仿实地情况，其他与人工实验相同。四是自然实地实验（Natural Field Experiment）：受试者不知道自己参与了实验，且实验地点为现实场所，其他方面与框架实地实验相同。五是自然实验（Natural Experiment）：完全不受实验组织者控制的真实世界的经济变化。参见黄湛冰、肖尔特：《经济学实验结果外部效度排序探索研究》，《经济评论》2012 年第 3 期。我们在本书中的讨论主要参照对象是实验室实验。

② 张伯伦是实验经济学之父 Vernon Smith 的老师，Smith 当年作为受试者参加了张伯伦的实验。

第一节　两种传统的消长与作为工程学的实验

一、经济学的两种传统

作为1998年的诺贝尔经济学奖得主，印度经济学家阿马蒂亚·森（Amartya Sen）辨析了经济学的两条不同起源：从斯密开始乃至在斯密之前，经济学中就始终有两种区别分明的传统，两者构成了经济学的伦理学面向（Ethical Aspect）和工程学面向（Engineering Aspect）。对于遵循伦理学面向的经济学家们来说，“虽然从表面上看经济学的研究仅仅与人们对财富的追求有直接的关系，但在更深的层次上，经济学的研究还与人们对财富以外的其他目标的追求有关，包括对更基本目标的评价和改进”。[①] 与此相反，对于那些按照工程学传统继续前进的经济学家们来讲，“人类的目标被直接假定，接下来的任务只是寻求实现这些假定目标的最适手段。较为典型的假设是，人类的行为动机总是被看作是简单的和易于描述的”。[②]

如果我们上溯到经济学正式诞生的源头，我们就会发现，伦理学传统曾经是经济学研究的主流，经济学之父亚当·斯密的大学教职是道德哲学讲座教授。从斯密到作为古典经济学的综合者的约翰·密尔，伦理学面向和工程学面向在经济学一直是共同发展的。但是，在经济学开始迈向新古典阶段后，经济学家们开始沿着工程学传统所开辟的研究路径一路狂奔，而将伦理学传统的进路视为歧途。从方法论的角度看，可以视为转折点的一个关键标志是时任伦敦经济学院经济系主任的罗宾斯（Lionel Robbins）在1932年出版了《经济科学的性质和意义》一书。在该书中，罗宾斯受哲学上的逻辑实证主义思潮的影响而将理论应具有在经验上可以检验的含义视为对经济学的科学性的判断依据。进一步地，罗宾斯视经济学为在资源稀缺的前提下，如何进行资源的有效配置——以最优的手段实现既定的目标。新古典经济学从此被定义为一门关于选择的科学（仍是当前教科书中

①② ［印］阿马蒂亚·森：《伦理学与经济学》，王宇、王玉文译，商务印书馆2000年版，第9页。

的标准定义），对经济活动的研究也就被简单地视为一个利用工程学技术求解最优化的数学问题。于是，一心想成为科学家的经济学家们试图把不符合逻辑实证主义的科学标准的伦理学内容（逻辑实证主义者将其视为无意义的形而上学命题）从本学科的研究领域中排除干净。这种做法完全改变了经济学的传统和研究走向，经济学从伦理学面向和工程学面向的比翼齐飞变成了只有工程学一面的跛足前行。

作为对罗宾斯工作的延续，芝加哥大学的掌门人弗里德曼在 1953 年发表了《实证经济学方法论》一文，进一步把科学的经济学的研究范围确立为实证领域。实证经济学是所谓的“客观科学”（Objective Science）的代表，其只关注有明确的可检验的经验含义的对象。伦理学传统自此彻底成为经济科学家们眼中的旁门左道，因为伦理学问题中包含着大量具有价值判断色彩的规范内容（Sen，2004），这些内容在主流经济学家看来是难以纳入经验检验的范畴的。

二、工程学视角下的经济学实验

按照常理思维，既然经济学在方法论上已经完全服膺于工程学—自然科学的标准，而实验又是后者的科学性的主要标志，那么经济学必然会对实验方法分外倾心。但出乎意料的是，在漫长的经济思想史中，经济学家对实验方法的态度都是排斥和怀疑的。这就形成了一幅吊诡的画面：一方面，新古典经济学家们为伦理因素被排除和本学科在方法论上越来越接近自然科学而窃喜，乃至于“经济学家的老师”[①] 萨缪尔森（Paul Smauelson）感慨地指出，既往的经济学派及其代表人物“过分夸大了演绎和先验推理的力量，我因这一做法给经济学带来的不良声誉而战栗，幸而这一情况已经远离我们”。[②] 另一方面，从 19 世纪中叶古典经济学的代表约翰·密尔到“二战”后新古典经济学的代表萨缪尔森，都强烈质疑实验方法可以通行于经济学研究领域，即使现代科学又被称为实验科学。正如萨缪尔森所言：“经济学者在检验经济规律时没有这样优越的条件。他们不能从事化学或生

---

① 之所以有这一称呼，是因为大多数经济学家们常常看不懂萨缪尔森的创新性成果，以至于萨缪尔森经常不得不用几何方法再写一篇较平易的解释性文章才能让同行理解他的思想。

② 转引自 Mark Blaug，*The Methodology of Economics*（*second editon*），Cambridge：Cambridge University Press，1992，p. 82.

物学家的控制下的实验，因为他们不易控制其他重要因素。他们像天文学家或气象学家一样，一般只能限于以观察为主。”[①] 无独有偶，与萨缪尔森爆发过方法论之争的弗里德曼也认为，“在社会科学中，我们极少能利用实验来检验特定的假说，这些实验被精确设计以消除被判定为最重要的干扰影响”，[②] 故经济学无法进行“可控实验”（Controlled Experiments）。

实际上，实验经济学近年来在方法和技术上的不断完善已经基本上可以消除怀疑者对无法保持“其他条件不变”的顾虑——仰仗于实验经济学的“可控”和“可重复”。经济学实验包括三个主要构件，即环境（Environment）[③]、制度（Institution）[④] 和行为（Behavior）[⑤]，前两者是控制变量，后者是观察对象。“可控”的意义在于可以在保持“其他条件不变”的前提下允许希望观察的因素改变，从而避免了多因一果情况下常见的联合（Joint）检验问题。“可控”是“可重复”的充分必要条件，在完全可控的实验设计中，不同的实验组织者自然可以寻找新的受试者对实验结果进行反复验证。

实验方法在“可控”与“可重复”上的特殊优势对于推动经济学继续沿着工程学路径发展十分有利。工程学面向的吸引人之处在于其实用性，其可以对运用的手段（原因）和准备达成的目标（结果）之间的关系做精

---

① ［美］保罗·萨缪尔森、威廉·诺德豪斯：《经济学（第 12 版）上》，高鸿业等译，中国发展出版社 1992 年版，第 13 – 14 页。

② Milton Friedman, “The Methodology of Positive Economics”, *in Essays in Positive Economics*, Chicago: Chicago University Press, 1953.

③ Vernon Smith 将“环境定义为一组初始状态，并且不为经济人和规定经济人之间交互行动的制度所改变”。参见［美］弗农·史密斯：《实验经济学论文集（上册）》，李建标等译，首都经济贸易大学出版社 2008 年版，第 343 页。具体说来，“环境因素是由所有经济人的特征组成的，它就是偏好和技术，在传统经济学中则以效用或偏好函数、资源禀赋以及生产和成本函数来表现”。参见［美］弗农·史密斯：《实验经济学论文集（下册）》，李建标等译，首都经济贸易大学出版社 2008 年版，第 1098 页。

④ Vernon Smith 认为“制度定义了私有产权规则，在这个规则下，经济人可以交流、交易或转移他们的商品，从而按照他们私人的偏好和知识改变他们自己的初始禀赋”。参见［美］弗农·史密斯：《实验经济学论文集（上册）》，李建标等译，首都经济贸易大学出版社 2008 年版，第 343 页。换句话说，“制度定义了交流的语言”。参见［美］弗农·史密斯：《实验经济学论文集（下册）》，李建标等译，首都经济贸易大学出版社 2008 年版，第 1098 页。

⑤“行为”刻画的是受试者选择的过程和结果，“经济人的行为与经济人在给定特征（环境）下对信息或行动的选择以及将这些选择转化为分配的制度性规则有关”。参见［美］弗农·史密斯：《实验经济学论文集（上册）》，李建标等译，首都经济贸易大学出版社 2008 年版，第 1098 页。

确的描述，而正是实验方法使得经济学研究在因果关系（工程学的手段—目标的逻辑基础）的识别上取得了突破。科学研究的目的是要发现普遍规律，进而可对事物的发展变化做出解释和预测。要对普遍规律有合理的认识和判断，其前提是对因果关系的正确识别。[①] 但是，经济社会现象的因果关系要比一般的自然现象更为复杂，因为人是一种异质的且具有自由意志的主体，经济现象是这类异质主体博弈互动的结果。所以，经济现象可能存在多重因果和交互因果的关系，这无疑加大了在经济研究中辨析因果关系的难度。由于具有可控制性和可重复性上的优势，经济学中的实验方法在因果识别方面具有天然的优势。无独有偶，作为一种更传统的经验检验工具，计量经济学方法近年来在因果关系识别方面所取得的成就同样不容小觑，尤其体现在“工具变量”（Instrumental Variable）技术和“倍差模型”（Difference in Difference Model）等方面。[②] 但是，计量经济学作为一种分析工具仍然存在较多的限制。例如，调查数据的准确性、可分性、可重复性都值得怀疑；只能被动等待政策发生而不能主动选择感兴趣的研究主题；存在找不到合适的工具变量和原始数据不适合采用倍差法的情况；无法处理中国奇迹和金融危机这类影响巨大但样本异常的“黑天鹅”现象。基于此，即使计量经济学近年来取得了长足的进步，实验方法仍有其不可替代的独特作用。从工程学的面向看，实验方法提供了更严格的经验检验技术。

实验方法提高经济学的工程学水平的作用在实验经济学的两大源流[③]中

---

① 我们在此不对因果关系问题做哲学层面的探讨，而只是略涉社会科学中因果关系的识别问题。

② “工具变量”法可以在相当程度上克服交互性因果问题。例如，要考察经济增长和援助之间的关系，仅仅控制已知的影响经济增长的其他变量是不够的，仍然不可能揭示援助对于增长的因果影响，因为援助可能是增长（以及其他可能引起增长的变量）的一个内生变量（即增长缓慢引来了援助）。但是，如果在使用计量经济学方法时能够找到某一外生变量 X（其与援助正相关而与增长和/或导致增长的其他变量在统计上完全无关），那么可以用 X 作为一个工具变量来回归估计援助对经济增长的影响，且避免了因果关系辨识上的困难。在因果识别上另一个重要的进展是“倍差模型”，其特别适用于政策变化所创造的“自然实验”，通过对政策变化前后的样本间差异做两次差分，可以估计出政策实验所导致的处理效应（Treatment Effect）。

③ 实验经济学的发展其实存在两大源流：一是从经济学出发，希望通过实验检验经济学理论，其代表为 2002 年诺奖获得者史密斯（Vernon Smith）、2009 年诺奖获得者奥斯特罗姆（Elinor Ostrom）和 2012 年诺奖获得者罗斯（Alvin Roth）等；二是从心理学出发，希望通过引入心理因素来解释不符合经济学模型的标准推论的经济现象，其代表为 2002 年诺奖获得者卡尼曼（Daniel Kahneman）等。

都有所反映。从“自然科学—工程学”的角度看，实验方法可以通过控制环境和制度这两类变量对经济的两类预测性命题进行严格的确证或证伪检验（科学与非科学的基本划界标准），并通过对行为均衡的精确观察来分析不同的政策或制度安排（手段）对实现特定目标的影响——实验经济学的经济学源流的关注重点即在于此。当命题被证伪也即默认的手段无法达成既定目标时（“可控”意味着行为假设要为理论推测和观察之间的差距负责），“可重复”意味着我们可以对实验进行复制，即进行关于实验结果的稳健性测试。如果稳健性检验被通过，则我们可以合理地质疑作为模型演绎前提的假设，并试图通过构造新的行为假设取代原有的模型——这是实验方法的心理学源流的主要兴趣（借心理学资源构建新的模型来解释异常的经济现象）。

实验方法的引入确实可以提高经济学的工程学水平，但接下来的问题是：难道实验在经济学界只能作为一种工程学的技术工具而存在吗？实验会对伦理学面向造成更强烈的驱逐抑或相反？

第二节　实验方法与经济学伦理传统的复兴

一、实验中的亲社会偏好

只有在经济学建模中采用经济人（Homo Oeconomicus）假设作为逻辑推理的前提，经济问题才能采用工程学方法求解。经济人假设相当于把人的最优化行为简化为仅对能影响切身利益的激励做出反应。具体说来，该假设有两层含义：第一，经济活动的主体参与人只会按照最大化自身利益的方式行事，不会对任何涉他价值因素进行考量。第二，经济人会表现出所谓的“理性”（Rationality），即经济学中关于选择的两个公理——完备性（Complement）和传递性（Transitive）。[①] 从经济人假设可以直接得出一些关

① 完备性公理表示对于选择集中任意的两个要素 x1 和 x2，有 x1≥x2 或 x1≤x2。传递性公理表示对于选择集中任何的三个要素 x1、x2 和 x3，如果 x1≥x2 和 x2≥x3，则有 x1≥x3。

于人的经济行为的推论，如人在公共品自愿捐献中会“搭便车”（Free Rider），在无外在社会压力的情况下人不会有自愿捐款行为，等等。但是，大量的实验室实验或田野实验给出了相反的证据，即经济人假设所无法涵盖的“异象”——受试者不仅关心自身利益，也会考虑他人利益，即表现出亲社会偏好（Social Preference）以及这种偏好背后的伦理关切。

亲社会偏好在严格的实验室实验中的相关证据来自最后通牒（Ultimatum）博弈、独裁者（Dictator）博弈、信任（Trust）博弈和公共品自愿捐献等实验。

最后通牒博弈①实验的结果是，甲通常会提议给乙30%左右的财富，甚至接近于平分。并且，乙多数时候会拒绝30%以下的分配方案，甚至在某些时候会拒绝50%以下的分配方案，从而说明人们具有“对半分”的平等偏好。独裁者博弈②是最后通牒博弈的一个变形，可以借此判断提议者的行为是出于对公平的亲社会偏好还是害怕提出的方案被拒绝。实验结果是，平均来说甲会把大约20%的财富留给乙，从而这20%的份额只能用甲具有对公平的亲社会偏好来解释——甲会因为占据全部的财富而感到羞愧。信任博弈③则说明了亲社会偏好的“互惠”（Reciprocity）性质。实验结果是多数时候甲给予乙的金额=N（N远大于0），且多数时候乙返还给甲的金额都会≥N。这说明，绝大多数人都有“互惠”的亲社会偏好。

公共品自愿捐献是另一类被广泛使用来讨论社会合作何以可能的实验。按照公共品博弈的纳什均衡的推论，所有受试者都会选择“搭便车”——捐献量为0。实际实验结果是：单轮实验和多轮实验的第一轮平均捐献率在50%左右，多轮实验的后续轮次捐献率虽然会下降，但仍然显著大于0。并且，引入惩罚和交流等制度规则会显著提高捐献水平。公共品自愿捐献实

---

① 最后通牒博弈的框架很简单。甲和乙两个人之间要分配一笔财富（例如100元）。现在对于如何分配这100元，甲有提议权，乙有否决权。如果乙否决了甲的提议，双方的所得都是0。按照标准的经济人假设，只要乙的所得大于0，该结果就要好于乙投否决票时的结果。按照这一逻辑，博弈均衡是甲可以提出的方案是只分给乙略微大于0的财富，而乙不会拒绝。

② 在独裁者博弈中，甲现在有完全的决策权，他可以提出任何分配方案而乙无权拒绝。于是按照经济人假设，甲将会将全部100元都留给自己。

③ 在信任博弈中，甲拥有100元的财富。他可以保留全部财富，或者把财富中的N元给予乙。转移给乙的N元会增值为AN元（A>1），而乙要决定把多少元回馈给甲。按照经济人假设，乙的回馈额肯定为0，而甲通过逆向推理知道乙不会有任何回馈，所以将在第一阶段时拒绝分出任何财富。

验可以得出一系列具有伦理性质的结论：很多人在主观上都具有合作意愿，即使合作不符合狭隘的自利；很多人会对结果的不平等抱有嫉妒或愧疚的情绪，从而做出体现利他和互惠等亲社会偏好的反应；很对合作者会对非合作者心存愤怒，从而愿意牺牲自己的利益来惩罚非合作者；如果允许交流，那么多数人愿意在不同程度上坚持隐性契约。

实验经济学的结果指向了一个共同的结论，真实的个人并不会按照经济人假设那样行动，而是会受到公平这一最重要的价值因素的左右。正如实验经济学的创始人史密斯所认为的，现代主流经济学信奉赤裸的自利作为经济决策的基础，这与该学科鼻祖和整个苏格兰启蒙学派的观点并不相容（Smith 和 Wilson，2014）。

二、对亲社会偏好的模型化

为了解释实验中出现的大量反映亲社会偏好的特异现象，实验经济学家们通过总结受试者的选择而构建了超越新古典经济人假设的行为模型。

最简单的是式（6－1）的利他主义（Altruism）模型

$$U_i(X) = x_i + \alpha \cdot x_{-i} \tag{6-1}$$

其中，x_i 表示 i 获得的报酬，x_{-i}表示其他人获得的报酬。当利他时，$\alpha > 0$；当完全冷漠时，$\alpha = 0$（新古典经济学的典型假设）；当嫉妒时，$\alpha < 0$。

简单的利他主义模型的弱点之一是，当博弈参与者大于两人时，就可能产生利他的挤出效应。例如，当博弈者 A 发现 B 的行为有益于 C 时，A 的效用会由于 C 的改善而得到提高，同时 A 会由于 C 的改善而认为不再有必要帮助他（公共品自愿捐献实验中尤其要考虑这一效应，即 A 是否会由于 B 的捐献而降低自身的捐献）。这个简单的模型的更大缺陷在于无法表述博弈的互惠性（Reciprocity），即你敬我一尺，我还你一丈（以德报德）；你对我不仁，我对你不义（以怨报怨）。例如，这个模型无法深入描述社会正义的复杂性，即该模型无法解释公共品自愿捐献实验中对非正义行为的惩罚——如果 $\alpha > 0$，则无论 x_{-i}是以何种非正义的方式取得的，都不会发生惩罚，因为惩罚实施者和被惩罚者的效用都会下降。再如，这个模型也无法解释最后通牒博弈实验中的回应者任何拒绝提议者的方案的行为，故有“烂好人”模型之嫌。当然，我们可以通过改变利他模型中的 α 值来增强模型的解释力，但是，如果为了解释而解释，针对每个具体的博弈实验都改变参数的话，那么就成了添加所谓的特设性（Ad Hoc）假设，模型失去了简洁性。

由于存在以上弱点，Fehr 和 Schmidt（1999）基于不平等规避（Inequality－Aversion）的"羞愧—嫉妒"（Guilty－Envy，G－E）模型对于亲社会偏好有更全面的刻画

$$U_i(X)=x_i-\frac{\alpha}{n-1}\sum_{k\neq 1}\max(x_k-x_i,0)-\frac{\beta}{n-1}\sum_{k\neq i}\max(x_i-x_k,0) \tag{6-2}$$

其中，α 表示嫉妒，β 表示羞愧，$0\leqslant\beta\leqslant1$，$\beta<\alpha$。只要 α 很大，就可以解释对非正义行为的惩罚。于是，"羞愧—嫉妒"模型比简单的利他模型能解释更多的亲社会偏好实验的结果。

Bolton 和 Ockenfels（2000）设计了与"羞愧—嫉妒"模型类似的 ERC（Envy，Reciprocity，Competition）模型

$$U_i(X)=U\left(x_i,\frac{x_i}{\sum_{k=1}^{n}x_k}\right) \tag{6-3}$$

ERC 模型意味着效用不仅与你的收益的绝对值有关，而且与你的收益占全部收益的相对比重有关。此时不再有个体间的直接比较，而是当事人和整体的相对比较。①

遗憾的是，"羞愧—嫉妒"模型和 ERC 模型都无法刻画主观意图（善意还是恶意），即"互惠"的效用。为了在理论上回答这一问题，需要回溯到 Rabin（1993）提出的心理博弈模型。

在该模型中，受试者 1 的行动为 a_1，受试者 1 相信受试者 2 会采取的行动为 b_2，受试者 1 相信受试者 2 会认为受试者 1 所采取的行动为 c_1。在心理博弈模型中，a_1 和 c_1 可以不一致，但在纳什均衡中要求共同知识，即要求 a_1 和 c_1 一致。

受试者 1 对于受试者 2 的善意水平取决于以下函数

$$f_1(a_1,\ b_2)=\frac{\pi_2(b_2,\ a_1)-\pi_2^{fair}(b_2)}{\pi_2^{max}(b_2)-\pi_2^{min}(b_2)} \tag{6-4}$$

---

① 独裁者博弈实验可以区分 G－E 和 ERC。在独裁者博弈中，由于 G－E 模型是线性的，所以会有两种极端的理论预测：如果 β 较小，则提议者会拿走全部；如果 β 足够大，则提议者的分配方案是均分。实际的实验结果发现多数人的提议在两个极端方案中间，所以需要以一个效用的凸函数（Convex Function）来解释多数的选择。

其中分子的$\pi_2(b_2, a_1)$是在受试者2采取行动b_2时，受试者1采取行动a_1会造成受试者2的报酬是多少；$\pi_2^{fair}(b_2)$是按照社会规范所认定的受试者2采取行动b_2时的公平报酬；分母的两项分别是受试者2采取行动b_2时理论上的报酬的最大值和最小值。当分子大于0时，意味着受试者1的行动a_1让受试者2获得比公平报酬更高的报酬，说明受试者1表达的是善意；反之，则说明受试者1表达的是恶意。

受试者1认为受试者2对自己的善意可用以下函数表示

$$\tilde{f}_2(b_2, c_1) = \frac{\pi_1(c_1, b_2) - \pi_1^{fair}(c_1)}{\pi_1^{max}(c_1) - \pi_1^{min}(c_1)} \tag{6-5}$$

$\pi_1(c_1, b_2)$是受试者2在认为受试者1采取了行动c_1时，会采取的行动b_2将给受试者1带来的报酬；分子的第二项是受试者1被受试者2认为采取了行动c_1时的公平报酬；分母的两项分别是受试者1被受试者2认为采取了行动c_1时理论上的报酬的最大值和最小值。类似地，如果分子大于0，说明受试者1认为受试者2对自己是抱有善意的，反之，则抱有恶意。

公平均衡的效用函数是

$$U_1(a_1, b_2, c_1) = \pi_1(a_1, b_2) + \alpha\tilde{f}_2(b_2, c_1) + \alpha\tilde{f}_2(b_2, c_1) \cdot f_1(a_1, b_2) \tag{6-6}$$

其中，$\alpha>0$；右边第三项相乘表示效用的互惠性质——你对我好我也对你好（两个正值相乘为正），你对我不好我也对你不好（两个负值相乘也为正）。[①] 该模型可以说明亲社会偏好中的公平感不仅取决于结果，也取决于你关于他人动机的信念（Belief）。但同时，该模型对于公平概念的刻画又过于随意，将什么是公平的问题视作一个黑箱而没有尝试将其打开，且该模型只是刻画了事前信念的影响，对于知道博弈结果后的事后惩罚行为没有给出解释。

总体来说，通过为经济理论和经验证据之间的沟壑搭起桥梁，实验经济学近年来在亲社会偏好及其所揭示的伦理因素上的一些经验证据已经不得不引起主流学界的重视，构成了对经济人假设的挑战。但是，目前建立在通过实验所修正的新的行为模式基础上的模型往往只对特定的问题有效甚至彼此之间相互冲突，其狭窄的适用范围尚构不成对建立在“经济人”

① 理性预期在均衡的时候要求“我的行动”等于“你认为的我的行动”等于“我认为你认为的我的行动”，即 a1 = b1 = c1，…，an = bn = cn。但心理博弈模型允许实际行动和信念之间的不一致。

硬核上的新古典经济学模型的全面挑战，因为它们甚至无法达到科学哲学对于模型的普适性要求的最低标准。目前实验经济学的发展并不是经验落后于理论，而是理论滞后于经验，如何构建更具包容性的可解释复杂人类行为的模型，是很多实验经济学工作者正在努力尝试的任务。①

但是，当我们认识到亲社会偏好及其背后的伦理含义在实验室中被发现意味着经济学已经从简单的经济人假设迈向对人的复杂行为的分析，那么追求一个能够全面概括人的行为模式的大一统模型倒可能是选错了靶心。或许更重要的工作是去发现和解释制度对人的复杂行为的约束和激励作用，而不是为复杂行为建模本身。例如通过“孔融让梨”这一典故来说，在掌握孔融们的基本行为偏好的基础上，更重要的是在发现让梨的选择所内含的（正式和非正式的）制度机理，然后培育制度引导更多人做出亲社会的选择。除非回到新古典模型的设定代表性个体（把多元偏好的复杂现象还原为同质偏好的简单现象）的老路，否则为包括孔融在内的13亿多中国人的多元偏好建立一个大一统模型的努力，在理论上是不可能成功的。

第三节 两种传统的综合与经济学家应该做什么

一、制度为什么重要

综合以上两节的内容我们可以发现，实验方法可以同时提高经济学在工程学维度和伦理学维度上的水平。具体说来，实验方法可以促进经济学在工程学维度的技术水平上的显著提高，从而实现判决性检验。更由于实验的“可控”和“可重复”，实验经济学家可以精确地区分各种行为动机对于最终实验结果的影响，从而可以将导致真实实验结果偏离经典理论预测的关键行为动机定位出来。在工程学维度上的这种显著进步意外地有利于

① 判断一个模型的优劣可以从四个方面着眼，即“符实性”、“一般性”、“易处理性”和“简约性”。实验经济学的理论模型在“符实性”上要优于新古典经济学，因而后者无法解释大量的异象；在其他三个方面则还有很长的路要走。参见［英］尼克·威尔金森：《行为经济学》，贺京同、那艺等译，中国人民大学出版社2012年版，第7页。

经济学的伦理学维度的复兴，因为大量实验结果发现，被精确定位出来的关键行为动机恰恰是所谓的亲社会偏好，即亚当·斯密所关注的那种可以促进社会合作的内在偏好。这意味着，我们必须对经济学的研究对象的性质做出反思，并分析这一反思对于经济学的学科发展意味着什么。

从理论研究的视角看，实验方法所揭示出的亲社会偏好对于拓展经济学的研究疆域有重要的意义。经济学理论向来多强调竞争，而少重视合作。实际上，合作是竞争的基础，不以合作为前提的竞争只能使社会陷入人人相互为敌的丛林状态。故而，合作既是实验经济学关注的焦点，更是社会科学的基本问题。只有对亲社会偏好背后的伦理因素加以解构，才能理解人类合作的原因。

随着社会生产关系扩展到血亲之外，为了协调不断扩大的社会分工，陌生人之间必须形成对于游戏规则的共识性认同，以约束人的行为①并从而构成对人际间合作结果的稳定预期。这种对于制度的共识性认同在起源和性质上都不是纯粹的物理性事实，而是所谓的价值性事实（哈耶克，2003）。古今中外，很多制度都是从习俗演化而来的，而习俗形成的背后有着价值含义。《礼记》曰“礼之始，始诸饮食”，故中国文化中的礼是从原始社会的食物分配中逐步演化来的一种半正式规则，在外儒内法的古代社会则又循礼而制法。无论是法律（正式制度）、礼治（介于正式和非正式制度之间）还是饮食习俗（非正式制度），都会对人们的行为构成约束和激励。因而，制度经济学家从对现实的归纳中得出了一个近乎常识但却被主流经济学（其隐含地假设基本的制度安排不变）所长期忽略的结论——“制度非常重要”。② 中国改革开放这一伟大的制度变迁带来了中国经济增长的奇迹。制度的作用正如邓小平同志所说：“制度好可以使坏人无法任意横行，制度不好可以使好人无法充分做好事，甚至走向反面。”③ 目前的全面

① 在人类社会中，约束相互间行为的途径主要有三种：内在的自我精神约束；利益相关者的直接约束；第三方的间接约束。第一种比如说个人自我坚持的道德戒律和信仰；第二种例如对侵犯我们利益者报以拳脚；第三种多是社群内默认遵守的规则（第三方非正式制度）或政府制定的法律规章（第三方正式制度）。大体说来，第一种不太可靠，第二种社会成本太高，故第三种往往是人类社会进步到一定阶段后的标志，并且反过来第三方制度的发展往往又代表了人类社会的持续进步。

② ［美］詹姆斯·布坎南：《经济学家应该做什么》，罗根基、雷家瑞译，西南财经大学出版社 1988 年版，第 236 页。

③《邓小平文选（第二卷）》，人民出版社 1994 年版，第 333 页。

深化改革要改什么，归根结底还是制度，这是对改革的成功实践的归纳总结。

二、实验室中的制度

按照制度经济学家的理解，“制度”可以从博弈的角度做两种类型的定义：第一种是将制度定义为博弈规则，第二种是将制度定义为博弈均衡。实验室中所能表现出的制度通常是第一种，其决定了人们在进行任何选择时所受到的制度性约束或激励。聚焦于制度对实验经济学本身的发展相当有启示。因为“如果理论不是关于制度的（一个很有力的解释是，理论认为制度因素是不用考虑的，但为了便于处理，理论家不得不做出一些制度假设），那么一个合理的研究目标就是去探索改变制度的实验设计。按照这种方式，我们就为原始理论的适当扩展奠定了经验结果的基础”。① 反过来说，实验方法对于理解制度也大有裨益，即它“可以用来检验为什么有些制度能够在经济中存在下来，实验室实验可以通过控制价值成本环境来使经济学家估计各种制度的绩效特征”。② 近年来，通过实验方法的进一步发展，实验经济学家也能够对于第二种定义的制度——作为博弈均衡的制度——加以分析。例如，通过投票选择是否引入惩罚机制或自愿决定加入哪一个公共品的自愿捐献单位，实验方法已经能为解释制度的形成和演化添砖加瓦。从政策实践的层面看，实验经济学家关注制度的原因还在于制度可以决定一个社会的经济结果，从而经济学家可以通过其对于制度的理解来影响政策。用史密斯的话说，“一个制度的规则集合是一种社会工具”。③ 那么问题来了，为什么新古典经济学家长期忽略对于制度的研究，而关注制度又意味着经济学家能够做什么呢？

信奉新古典经济学的多数主流经济学家都是工程学传统的继承者，他们的研究以资源的最优配置为中心，把人的复杂偏好简化为了在数学上可

① ［美］弗农·史密斯：《实验经济学论文集（下册）》，李建标等译，首都经济贸易大学出版社2008年版，第1100页。

② ［美］弗农·史密斯：《实验经济学论文集（下册）》，李建标等译，首都经济贸易大学出版社2008年版，第1105页。

③ ［美］弗农·史密斯：《实验经济学论文集（下册）》，李建标等译，首都经济贸易大学出版社2008年版，第1132页。

用微积分处理的效用容器。在新古典的范式中，一个重要的假设就是“制度无关性”，即不存在能够明显改变资源配置效率的制度变迁。行为经济学的一大进步是打开了偏好的黑箱，对新古典的经济人假设提出了挑战。但遗憾的是，行为经济学没有脱离“制度无关性”的窠臼，忽略了制度可能对人按照偏好行动所产生的约束以及制度在偏好形成过程中的影响。按照这种方法论原则，经济学的最佳发展前景就是用一个关于人的偏好的新的大一统假设代替旧的经济人假设，其实质仍然是一种社会工程学的思路（莫志宏和申良平，2014）。这种“制度无关性”的经济学研究范式在中国这样一个转型期国家显然水土不服。在中国，制度变迁可以创造改革红利，故而制度是问题本身而不是问题发生的背景——资源配置效率和利用水平是制度变迁的函数，制度才是重要的真问题。

新古典经济学家之所以忽略制度，是因为他们把自己当作了科学界的上帝，自认为可以代替同质偏好的芸芸众生做出政策判断。行为经济学家也不重视制度，或许是因为他们同样视自己为科学界的上帝（只不过他们的科学中加入了更多心理学内容），误以为集合了所有的异质偏好（这可能真的需要全知全能且无所不在的上帝才能做到）就可以解决一切问题——用一个新的大一统模型来帮助进行正常判断。但是他们统统忘记了一个关键问题，人是生活于制度之中的，制度——无论是演化的还是建构的——决定了博弈的约束条件和激励方式，从而影响和塑造了人的“偏好—行为”关系。从这个角度说，从人类发展的整体视角来看，制度通过对偏离了伦理标准的反社会行为加以约束而决定了长期的经济绩效。

与在现实环境中一样，在实验室里，实验经济学家们同样发现了制度可以起到重要的作用。按照史密斯的看法：“制度在实验中是有作用的。因为在受试者选择的过程中，经济人的激励是受规则影响的，这些制度规则使选择转化为结果。”①

举例来说，当我们在公共品博弈或信任博弈实验中引入交流机制后，我们会发现自愿合作水平显著提高。再如，即使会令自身的物质利益受损，受试者也愿意惩罚不合作的人，从而明确、直接和有力度的惩罚机制可令公共品博弈实验中的社会合作维持在高水平。又如，自我选择机制（无论

① [美] 弗农·史密斯：《实验经济学论文集（下册）》，李建标等译，首都经济贸易大学出版社2008年版，第1103页。

是投出选票还是迁移）提高了公共品博弈中自愿合作的程度。从方法论的视角看，制度的重要性在实验室中被发现是必然的。按照平行对照原则，当实验室中存在真实诱因时，受试者的行为与在现实环境中相比不该有根本的不同。换个说法，在实验室中尚且无效的制度，在现实中有效的可能更是微乎其微。

三、经济学家应该做什么

基于以上分析，实验经济学对于制度的关注可能是经济学未来发展的一个更大助推力。这种新的方法论路径可以纠正沿着工程学面向的单向度发展，从而将工程学的技术优势和伦理学的丰富内涵加以综合。

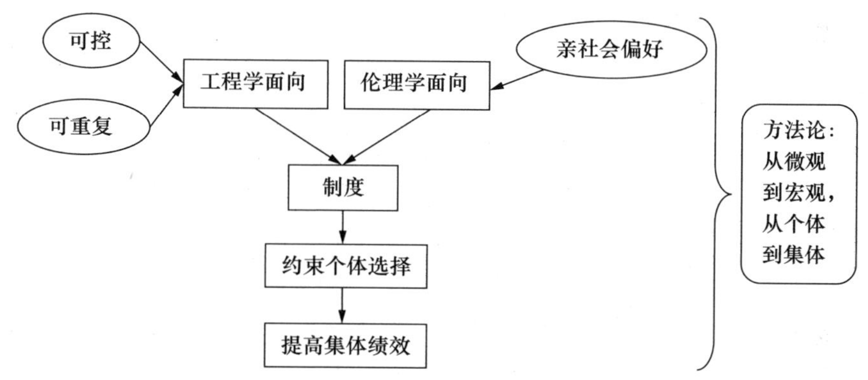

图 6－1　实验视角下经济学两项传统的结合及其方法论意义

图 6－1 说明，经济研究在方法论上可以以实验为基础，将工程学和伦理学的要件结合在制度这一决定人际间博弈方式的关键特征上，从而实现从微观到宏观、从个体选择到集体绩效的有机连接。制度的作用在于约束个体选择，使之倾向于社会合作，从而促进集体绩效的提高。在 1986 年诺贝尔经济学奖得主布坎南看来，人的选择是在两种不同层级上进行的——“立宪（Constitution）阶段”和“后立宪（Post Constitution）阶段”。在前一个阶段我们选择制度约束（游戏规则），后一阶段我们在自己选择的制度约束下进行日常的商品或生产要素的选择。第一阶段的选择比第二阶段的选择来得重要，因为后者所对应的“选择是由行动者在特定的‘法律和制

度'的限制下做出的"。[①] 因此，制度与科学技术一样定义了一个社会的生产可能性前沿，即制度决定经济绩效。

按照图 6-1 的思路，实验室实验在政策性和应用性分析中的功能类同于对政策变革或制度创新加以预先模拟，而成本和风险则比在现实中试点要小得多。一方面，实验可以为确定政策领域的目标函数提供帮助。通过实验方法，我们可以更好地了解国人的价值观、公平感和伦理标准，从而在政策目标的制定中把这些因素嵌入到最广大人民的根本利益这一根本目的之中。另一方面，通过实验，我们可以获得关于制度的功能和作用的知识，从而更好地让制度创新在工具层面为实现人民福祉服务。于是从某种角度来说，"政治经济学仅应关注博弈规则的修订"[②] ——经济学家可以凭借其在实验经济学方法上的专业知识优势对制度变迁的后果做出科学合理的解释和预测。这是经济学家在专业上的比较优势所在，是经济学家应该做的工作。

第四节　小结

在经济学未来的发展中，工程学面向与伦理学面向不应该是对手，而应该是拉动经济学前进的两翼。实验方法提高了工程学技术在经济学领域的成熟度，使得经济学家们可以对经济学的理论命题进行可控和可重复的检验。当传统的理论在实验中反复无法通过严格的证伪检验后，经济学家就有充足的理由对理论模型的前提假设加以怀疑，并通过逆推法得出新的行为假设。经济学家可以依据新的行为假设重构模型来解释实验观察的结果。而大量的实验证据表明，新的行为假设及建立于其上的模型往往都与伦理因素紧密相关。就是说，工程学面向和伦理学面向貌似对立，恰是统一，前者是促进后者在一个更高水平上复兴的技术保障。进一步说，经济学家之所以要将两种传统的综合的成果归结于对制度的关注，是因为经济

① [美] 詹姆斯·布坎南:《经济学家应该做什么》，罗根基、雷家瑞译，西南财经大学出版社 1988 年版，第 236 页。

② James Buchanan, "Positive Economics, Welfare Economics, and Political Economy", *Journal of Law and Economics*, Vol. 2, No. 1, 1959, p. 133.

学家不是上帝，无法知晓所有个人的所有偏好（包括亲社会偏好和完全利己的偏好以及各种偏好的构成和变化），但可以通过制度设计对基于偏好的个人行为加以激励和约束，引导个体选择和集体利益相协调。

老凯恩斯（John Neville Keynes）在1890年出版的方法论专著中把经济学的范畴分为“实证科学”（Positive Science）、“规范科学”（Normative Science）和“应用经济学”（Applied Economics），后者也被称为“经济学艺术”（Art of Economics）。[①] 可惜的是，后世的经济学家们忘记了经济学传统是有不同面向的，开始逐渐习惯于一条腿跛足而行，在经济研究中专宠工程学方法，而将伦理学关怀打入了冷宫。然而2008年的金融危机提醒我们，忽略伦理学维度不仅可以在人文关怀上加以质疑，而且对于解释和预测真实的经济现象也非常不利。站在经济学方法论的高度看，事实的维度与价值的维度是相互间彼此“缠结”的，某些事实陈述中可解读出价值含义，而某些价值陈述的背后又有事实维度上的因果支撑。这在方法论上并不是一个困扰，无论是对于物理学还是对于经济学来说，科学事业发展的推动力恰恰来自事实与价值的交互作用。[②] 从研究方向和发展潜力上看，实验方法最具可能将实证科学（事实）与规范科学（价值）两者重新整合为一体的经济学研究框架。

概言之，实验方法的引入虽然强化了经济学的工程学水平，但却没有遮蔽经济学的伦理学传统，从而为研究经济学中的价值维度开辟了新的可能。同时，由于异质主体的行为模式是多元的且更主要的是演化的，实验经济学在逻辑上不可能穷尽所有的行为模式，故实验经济学家把研究焦点放在制度上可能更有助于体现自身的学术比较优势。又由于制度的有效性与合法性在相当大的程度上取决于其是否与共享的伦理价值相一致，故制度设计问题不仅是一个工程学问题，更是一个伦理的、价值的和文化的问题。基于此，实验经济学方法的引入也不会让经济学成为完全意义上的硬科学。

---

① John Keynes, *The Scope and Method of Political Economy*, Kitchener: Batoche Books, 1890/1999, p. 174.

② Mark Blaug, *The Methodology of Economics* (*second editon*), Cambridge: Cambridge University Press, 1992, p. 134.

第七章　结论

综合以上各章的内容可知，由于经济学的研究对象的复杂性，研究范畴的多元化和研究传统的二元性，经济学不可能成为完全如自然科学意义上的硬科学。主要的理由可以归结为如下几点：第一，经济学与自然科学在研究对象的性质上存在明显的差异。第二，经验检验不应该被视为经济学中压倒性的科学准则。第三，经济学只能进行模式预测。第四，实验方法不仅无法让经济学摆脱价值问题对其科学纯度的“污染”，反而为经济学的伦理学传统的复兴提供了新的可能。这些理由都可以归结为价值维度在经济学研究中的不可或缺，以及由于价值维度的存在导致经济学必须研究复杂现象。

实际上，自然科学中的一些前沿领域（如量子物理学）的研究对象的性质和采用的研究方法也不符合我们对硬科学的固有认识，于是，与其“知其不可而为之”地让经济学装成是硬科学，不如改变经济学家们的唯科学主义态度和陈旧的科学观（新古典经济学所模仿的物理学范式大体上还停留在牛顿时代），转而合理看待价值维度与复杂现象在经济研究中的位置。否则，摇椅中的经济学家们只能继续坐而论道（Armchair Speculation），在象牙塔中摆弄着数学难度越来越高的模型自娱自乐，并继续在大众面前塑造经济学光辉高大的科学形象。可惜，这更像是神职人员而非致力于经世济民的经济学家所应该做的。

我们先来总结放弃对经济学成为硬科学的追求有何种方法论含义。

经济学中的价值维度及其导致的经济现象的复杂性意味着，我们必须对现有的经济学的主流研究方法进行彻底的改革。人类的行为在外表上看往往表现为各取所需和各自为政，但在“看不见的手”的作用下，分散的行为却会产生交互聚合的整体结果，此为人类经济现象的复杂性的重要表现。人类主体越是具有多元异质性，人类行为的交互博弈的色彩就越强烈，意义就越多元化，系统也就越复杂。由于把抱有不同价值模式的异质主体间的交互作用的复杂现象扭曲成一种简单现象——具有完全理性的代表性个体的内在选择，现有的经济学理论无力对重大经济波动进行解释和预测并不奇怪。所以，对异质个体行为的微观分析才应该是研究复杂社会现象的合理起点，这是掌握了经济学的学科性质之后在方法论上必然会接受的改良。

引入了价值维度变量的有机的复杂系统模型只能给出模式预测，并不能保证可以准确预测下次经济危机的准确爆发时点、持续时间和强度，但它却可以让我们走出黑板经济学的虚拟世界，对真实世界的经济现象有更真切的理解。在复杂模型中，宏观现象是微观水平上真实主体行为的演化博弈所引起的涌现。通过这种基于复杂模型的微观主体间演化作用机制，我们在一定程度上可以对金融危机之类的宏观现象给出新的视角的解释。但是，熟悉系统论的人都知道，这种基于正反馈的机制的效果是不断放大的，不存在稳定的均衡，因而无法给出精确预测。与之相反，从情境分析所刻画的主流经济学的关键假设——理性和同质中推导不出金融危机的起因。同质性意味着集体结果是个体行为的简单算术加总，如果个体行为都是理性的，那么集合成的集体结果肯定也是理性的。即是说，如果理性意味着个体在原子层面可以采取防控金融危机的行为，那么金融危机作为一种简单加总式的集体结果，其在逻辑上就不可能发生。故而，除非抛弃还原论的原子化个人主义视角，否则如金融危机之类的具有宏观层面的涌现性质的复杂社会现象将无法解释。

我们还要讨论放弃对经济学成为硬科学的追求有何种政策含义。

价值维度和复杂现象虽然为经济学发挥其认识和改造世界的功能设定了非常严格的限度，但其收益是为我们打开了新的窗口，从而反倒在另一个层面大大拓宽了我们认识和改造世界的可能疆域。由于视角的改变，对价值维度和复杂现象的认识将引导我们把认识和改造世界的思路从“控制”（Control）（提供即时性的解决方案）转向“培育”（Cultivation）（做出预防性的制度安排）。

近代以来，抱有工程师思维的科学主义者们一直抱有征服世界的野心。但是，只有当我们把自己的视线局限在牛顿经典物理学所描述的还原主义的简单现象的世界时，科学主义者们的这种野心才有其科学和哲学的基础。一旦我们把视野扩大到复杂现象的领域，我们就会发现，对于科学的无限度功能的信仰其实是所谓的“知识的僭越”。我们所能做的，唯有依赖对事物原理的更深刻理解，通过“培育”可影响事物发展的外在环境来提高可欲结果的发生概率。哈耶克将“培育”理解为园丁培植花木，园丁了解影响花木生长的基本原理，但却只能左右其中一部分影响因素，① 从而诚如西蒙所言，尽量把复杂性所引起的结果的不确定性“局限在一个具有可欲性质的小范围内”。② 就是说，我们可以把思路从基于逻辑理性的“控制”转变为基于演化理性的“培育”，将复杂性的视角作为“一个可选择的透镜，使我们能制定规则、法律、激励和制度，同时也鼓励发展生产性的社会规范”，③ 以降低不尽如人意的情况发生的可能和严重性。

之所以应该实现从唯科学主义者的“控制”思路向更具人文性的“培育”思路的转换，是因为关于简单现象的研究方法仅是研究复杂现象时所使用的研究方法的一个特例。在分析单独或极少数个体的局部选择时，经济学中常用的理性选择模型仍能给出可以接受的解释和预测。并且这类预测包含着更精确的信息，这实在是一种可欲的性质。但是，一旦事关主体间性，原有的基于个人理性的方法就不够了，其无法处理复杂现象所特有的涌现性质。这时候，我们就必须进入复杂现象的世界，精确预测从而成为了模式预测的一个特例。当我们意识到，在复杂性的世界中，人类的有限理性不可能实现完备的“控制”时，“培育”就成为了可欲的次优选择。经济学家们不必为此感到沮丧，因为这其实是朝着古典经济学传统中对人的主体性的尊重和对于社会复杂性的敬畏的回归。这一回归将帮助经济学家们重新找回经济学中的“人”及其“价值”。

---

① ［英］弗里德里希·冯·哈耶克：《解释的程度》，载《哈耶克文选》，冯克利译，江苏人民出版社 2007 年版，第 433 页。

② Herbert Simon, *The Sciences of the Artificial*, Massachusetts, Cambridge: MIT Press, 1996, p. 179.

③ ［美］瓦拉德拉扬·查里、大卫·科兰德、斯科特·佩奇、罗伯特·索洛：《建立现实世界的经济学》，载《比较》第 54 辑，潘玮译，中信出版社 2011 年版，第 66 页。

参考文献

[英] A. F. 查尔默斯：《科学究竟是什么（第三版）》，商务印书馆 2009 年版。

[澳] 黄有光：《福祉经济学：一个趋于更全面分析的尝试》，张清津译，东北财经大学出版社 2005 年版。

[比] 伊利亚·普里戈金：《未来是定数吗》，曾国屏译，上海世纪出版集团 2005 年版。

[德] 埃德蒙德·胡塞尔：《生活世界现象学》，倪梁康等，上海译文出版社 2002 年版。

[德] 埃德蒙顿·胡塞尔：《欧洲科学危机和超验现象学》，张庆熊译，上海译文出版社 1988 年版。

[法] 埃德加·莫兰：《复杂性思想导论》，陈一壮译，华东师范大学出版社 2008 年版。

[美] 阿瑟·奥肯：《平等与效率：重大抉择》，王奔洲译，华夏出版社 2010 年版。

[美] 埃尔文·罗斯：《导论与概述》，载 [美] 埃尔文·罗斯《经济学中的实验室实验——六种观点》，聂庆译，人民大学出版社 2007 年版。

[美] 埃尔文·罗斯：《实验经济学概述》，载 [美] 约翰·卡格尔、埃尔文·罗斯《实验经济学手册》，贾拥民、陈叶烽译，人民大学出版社 2015 年版。

[美] 保罗·萨缪尔森：《经济分析基础（增补版）》，何耀等译，东北财经大学出版社 2006 年版。

[美] 保罗·萨缪尔森、威廉·诺德豪斯：《经济学（第 12 版）》，高鸿业译，中国发展出版社 1992 年版。

[美] 布鲁姆·考德威尔：《哈耶克评传》，冯克利译，商务印书馆 2007

年版。
[美] 丹尼尔·弗里德曼、山姆·桑德:《实验方法:经济学入门基础》,曾小楚译,中国人民大学出版社 2011 年版。
[美] 弗农·史密斯:《实验经济学论文集(上册)》),李建标等译,首都经济贸易大学出版社 2008 年版。
[美] 哈维·罗森、特德·盖亚:《财政学(第十版)》,郭庆旺译,中国人民大学出版社 2015 年版。
[美] 赫伯特·金迪斯:《理性的边界:博弈论与各门行为科学的统一》,董志强译,上海人民出版社 2010 年版。
[美] 肯尼斯·阿罗:《社会选择与个人价值(第二版)》,丁建峰译,上海人民出版社 2010 年版。
[美] 劳伦斯·博兰:《批判的经济学方法论》,王铁生译,经济科学出版社 2000 年版。
[美] 理查德·特里西:《公共部门经济学》,薛涧坡译,中国人民大学出版社 2014 年版。
[美] 米尔顿·弗里德曼:《实证经济学方法论》,载《实证经济学论文集》,商务印书馆 2014 年版。
[美] 纳西姆·塔勒布:《黑天鹅:如何应对不可预知的未来(升级版)》,万丹、刘宁译,中信出版社 2011 年版。
[美] 托马斯·库恩:《必要的张力》,范岱年、纪树立等译,北京大学出版社 2004 年版。
[美] 瓦拉德拉扬·查里、大卫·科兰德、斯科特·佩奇、罗伯特·索洛:《建立现实世界的经济学》,潘玮译,载《比较》第 54 辑,中信出版社 2011 年版。
[美] 韦德·汉兹:《开放的经济学方法论》,段文辉译,武汉大学出版社 2009 年版。
[美] 希拉里·普特南:《事实与价值二分法的崩溃》,应奇译,东方出版社 2006 年版。
[美] 约瑟夫·斯蒂格利茨:《斯蒂格利茨经济学文集》第六卷(上),纪沫、仝冰、海荣译,中国金融出版社 2007 年版。
[美] 詹姆斯·布坎南:《经济学家应该做什么》,罗根基、雷家瑞译,西南财经大学出版社 1988 年版。

［美］詹姆斯·布坎南、戈登·塔洛克：《同意的计算：立宪民主的逻辑基础》，中国社会科学出版社 2000 年版。

［瑞典］拉斯·尤德恩：《理性选择的方法论》，载［美］斯蒂芬·特纳、保罗·罗恩《社会科学哲学》，杨富斌译，中国人民大学出版社 2009 年版。

［意］荣卡格利亚：《西方经济思想史》，罗汉、耿筱兰、郑梨莎、姚炜堤译，上海社会科学院出版社 2009 年。

［印］阿马蒂亚·森：《集体选择与社会福利》，胡的的、胡毓达译，上海科学技术出版社 2004 年版。

［印］阿马蒂亚·森：《伦理学与经济学》，王宇等译，商务印书馆 2000 年版。

［英］B. 马林洛夫斯基：《科学的文化理论》，黄建波等译，中央民族大学出版社 1999 年版。

［英］J. S. 密尔：《代议制政府》，汪瑄译，商务印书馆 1997 年版。

［英］阿尔弗雷德·马歇尔：《经济学原理（上卷）》，朱志泰译，商务印书馆 1964 年版。

［英］弗里德里希·冯·哈耶克：《哈耶克论文集》，邓正来译，首都经贸大学出版社 2001 年版。

［英］F. A. Hayek：《海耶克论海耶克：对话式自传》，Stephen Kresge、Leif Wenar 编，李华夏、黄美龄译，远流出版事业股份有限公司 1997 年版。

［英］弗里德里希·冯·哈耶克：《解释的程度》，载《哈耶克文选》，冯克利译，江苏人民出版社 2007 年版。

［英］弗里德里希·冯·哈耶克：《经济、科学与政治》，载《哈耶克文选》，冯克利译，江苏人民出版社 2007 年版。

［英］弗里德里希·冯·哈耶克：《科学的反革命：理性滥用之研究》，冯克利译，译林出版社 2003 年版。

［英］弗里德里希·冯·哈耶克：《知识的僭妄》，载《哈耶克文选》，冯克利译，江苏人民出版社 2007 年版。

［英］卡尔·波普尔：《科学知识进化论》，纪树立编译，三联书店 1987 年版。

［英］卡尔·波普尔：《历史决定论的贫困》，杜汝楫、邱仁宗译，上海人民

出版社 2009 年版。
[英] 卡尔·波普尔:《通过知识获得解放》,范景中、李本正译,中国美术学院出版社 1996 年版。
[英] 卡尔·波普尔:《无尽的探索——卡尔·波普尔自传》,邱仁宗译,江苏人民出版社 2000 年版。
[英] 莱昂内尔·罗宾斯:《经济科学的性质和意义》,朱泱译,商务印书馆 2000 年版。
[英] 罗纳德·科斯、王宁:《变革中国》,徐尧、李哲民译,中信出版社 2013 年版。
[英] 马克·布劳格:《经济学方法论》,黎明星等译,北京大学出版社 1990 年版。
[英] 马克·布劳格:《为何我不是一个建构主义者——一个不悔悟的波普尔主义者的自白》,载 [英] 罗杰·巴克豪斯《经济学方法论的新趋势》,张大宝等译,经济科学出版社 2000 年版。
[英] 尼古拉斯·巴德斯利、罗宾·库彼特、格雷姆·鲁姆斯、皮特·莫法德、克里斯·斯塔莫、罗伯特·萨格登:《实验经济学:反思规则》,贺京同等译,中国人民大学出版社 2015 年版。
[英] 尼克·威尔金森:《行为经济学》,贺京同、那艺等译,中国人民大学出版社 2012 年版。
[英] 维克托·迈尔—舍恩伯格、肯尼思·库克耶:《大数据时代:生活、工作与思维的大变革》,盛杨燕、周涛译,浙江人民出版社 2014 年版。
[英] 伊萨克·牛顿:《自然哲学之数学原理/宇宙体系》,王克迪译,武汉出版社 1992 年版。
[英] 伊斯雷尔·柯兹纳:《米塞斯评传:其人及其经济学》,朱海就译,浙江大学出版社 2010 年版。
[英] 约翰·密尔:《论政治经济学的若干未定问题》,张涵译,商务印书馆 2012 年版。
《邓小平文选(第二卷)》,人民出版社 1994 年版。
陈彩虹:《上帝、数据和故事》,《读书》2015 年第 10 期。
黄湛冰、肖尔特:《经济学实验结果外部效度排序探索研究》,《经济评论》2012 年第 3 期。

李子奈：《计量经济学模型方法论》，清华大学出版社 2011 年版。

林金忠：《“实证经济学”与“实证迷信”》，《学术月刊》2007 年第 5 期。

刘涛雄、徐晓飞：《互联网搜索行为能帮助我们预测宏观经济吗?》，《经济研究》2015 年第 12 期。

罗卫东、范良聪：《经济学实验的方法论支撑：超越“无关痛痒”的证伪主义》，《浙江社会科学》2010 年第 5 期。

马涛、张洋：《经济学的科学特征是预测还是解释——弗里德曼与萨缪尔森相关论争的评析》，《上海财经大学学报》2009 年第 3 期。

莫志宏、申良平：《从理性人到行为人：评行为经济学对新古典正统理论的挑战》，《南方经济》2014 年第 7 期。

潘天群：《经济学何以预测》，《经济学家》2001 年第 5 期。

苏振华、邹方斌：《实证经济学方法论的意义与限度》，《经济学家》2007 年第 4 期。

唐方方、宗计川：《经济学实验室研究方法论述》，《财经问题研究》2009 年第 10 期。

汪丁丁：《经济思想史进阶讲义——逻辑与历史的冲突和统一》，上海人民出版社 2015 年版。

汪丁丁：《实验经济学与中国经济学建设》，《经济学动态》1994 年第 7 期。

汪丁丁：《行为经济学讲义》，上海人民出版社 2011 年版。

汪丁丁：《行为经济学要义》，上海人民出版社 2015 年版。

汪丁丁：《中国的新政治经济学的可能依据——行为和意义的综合视角》，《社会科学战线》2004 年第 3 期。

汪毅霖：《基于能力方法的福利经济学——一个超越功利主义的研究纲领》，经济管理出版社 2013 年版。

汪毅霖：《科斯对法律与经济关系的最终认识及其缺憾》，《财经研究》2015 年第 4 期。

汪毅霖：《普特南与森的跨学科对话：科学哲学视域下的福利经济学贫困化及其解决》，《社会科学战线》2011 年第 8 期。

汪毅霖：《为什么经验检验不应是经济学中的压倒性准则》，《社会科学战线》2015 年第 1 期。

王国成：《基于实验方法的经济行为特征研究——当代经济学发展新特点》，《数量经济技术经济研究》2005 年第 10 期。

王国成:《经济行为基本特征的假设检验与实证逻辑》,《数量经济技术经济研究》2007年第11期。

吴敬琏:《当代中国经济改革教程》,上海远东出版社2010年版,第101页。

张五常:《经济解释(二零一四增订本)》,中信出版社2015年版。

周业安:《经济学中的实验室实验:经济学迈向科学研究的关键一步?》,《南方经济》2014年第8期。

朱成全、汪毅霖:《财富与自由:原理及其启示》,《财经问题研究》2012年第3期。

朱成全、汪毅霖:《经济学人文传统的回归与科学哲学的文化转向——对"F论点"与"F扭曲"之争的重新审视》,《经济学家》2009年第9期。

邹至庄:《用经济学做预测的成功案例》,《人民论坛》2012年第1期(上)。

Amartya Sen, *The Idea of Justice*, London: Penguin Books, 2009.

Amartya Sen, "Economic Methodology: Heterogeneity and Relevance", *Social Research*, Vol. 71, No. 3, 2004, pp. 583 – 614.

Amartya Sen, "Prediction and Economic Theory", *Proceedings of the Royal Society of London*, *Series A*, Mathematical and Physical Science, Vol. 407, No. 1832, 1986, pp. 3 – 23.

Amartya Sen, "The Discipline of Economics", *Economica*, Vol. 75, No. 300, 2008, pp. 617 – 628.

Amartya Sen, "Walsh on Sen after Putnam", *Review of Political Economy*, Vol. 17, No. 1, 2005, pp. 107 – 113.

Andrew McAfee and Erik Brynjolfsson, "Big Data: The Management Revolution", *Harvard Business Review*, Vol. 90, No. 10, 2012, pp. 60 – 66.

Brain Arthur, "Complexity and the Economy", *Science*, *New Series*, Vol. 284, No. 5411, 1999, pp. 107 – 109.

Butler Declan, "When Google Got Flu Wrong", *Nature*, Vol. 494, No. 7436, 2013, pp. 155 – 156.

Charles Plott, "Will Economics Become an Experimental Science?", *Southern Economic Journal*, Vol. 57, No. 4, 1991, pp. 901 – 919.

Daniel Friedman and Shyarn Sunder, *Experimental Methods: A Primer for Economists*, Cambridge: Cambridge University Press, 1994.

Daniel Hausman, "Philosophy of Economics", The Stanford Encyclopedia of Philosophy, Edward N. Zalta (ed.), 2013, URL = < http://plato.stanford.edu/archives.

Daniel Kahneman, Jack Knetsch and Richard Thaler, "Fairness as a Constraint on Profit Seeking: Entitlements in the Market", *American Economic Review*, Vol. 76, No. 4, 1986, pp. 728 - 741.

David Lazer, Ryan Kennedy, Gary King and Alessandro Vespignani, "The Parable of Google Flu: Traps in Big Data Analysis", *Science*, Vol. 343, No. 6176, 2014, pp. 1203 - 1205.

Ernst Fehr and Klaus Schmidt, "A Theory of Fairness, Competition, and Cooperation", *Quarterly Journal of Economics*, Vol. 114, No. 3, 1999, pp. 817 - 868.

Ernst Fehr and Urs Fischbacher, "Social Norms and Human Cooperation", *Trends in Cognitive Sciences*, Vol. 8, No. 4, 2004, pp. 185 - 190.

Francesco Guala, *The Methodology of Experimental Economics*, Cambridge: Cambridge University Press, 2005.

Frank Knight, "Some Fallacies in the Interpretation of Social Cost", *Quarterly Journal of Economics*, Vol. 28, No. 4, 1924, pp. 582 - 606.

F. A. Hayek, *The Counter - Revolution of Science: Studies on the Abuse of Reason*, London: Collier - Macmillan Ltd., 1955.

F. A. Hayek, "Degrees of Explanation", *British Society for the Philosophy of Science*, Vol. 6, No. 23, 1955, pp. 209 - 225.

F. A. Hayek, "Economics and Knowledge", *Economica*, *New Series*, Vol. 4, No. 13, 1937, pp. 33 - 54.

F. A. Hayek, "The Pretence of Knowledge: Nobel Memorial Lecture, December 11, 1974", *American Economic Review*, Vol. 79, No. 6, 1989, pp. 3 - 7.

Gary Bolton and Ockenfels Axel, "ERC: A Theory of Equity, Reciprocity, and Competition", *American Economic Review*, Vol. 90, No. 1, 2000, pp. 166 - 193.

George Mead, *Mind*, *Self and Society*, Chicago: Chicago University Press, 1934.

Hal Varian, "Big Data: New Tricks for Econometrics", Working Paper, 2014.

Herbert Simon, *The Sciences of the Artificial*, Massachusetts, Cambridge: MIT Press, 1996.

Herbert Simon, "A Behavioral Model of Rational Choice", *Quarterly Journal of Economics*, Vol. 69, No. 1, 1955, pp. 99 - 118.

Herbert Simon, "The Architecture of Complexity", *Proceedings of the American Philosophical Society*, Vol. 106, No. 6, 1962, pp. 467 - 482.

Hilary Putnam, *The Collapse of the Fact/Value Dichotomy*, Massachusetts, Cambridge: Harvard University Press, 2002.

Hilary Putnam, "Capabilities and Two Ethical Theories", Journal of Human Development, Vol. 9, No. 3, 2007, pp. 377 - 388.

Hilary Putnam, "The 'Corroboration' of Theories", in P. A. Schilpp ed., *The Philosophy of Karl Popper*, LaSalle: Open Court Press, 1974.

Huina Mao, Scott Counts and Johan Bollen, "Quantifying the Effects of Online Bullishness on International Financial Markets", Working Paper, 2016.

Hyunyoung Choi and Hal Varian, "Predicting the Present with Google Trends", Working Paper, 2009.

Imre Lakatos, "Falsification and the Methodology of Scientific Research Programmes", in Imre Laktos and Alan Musgrave, eds., *Criticism and the Growth of Knowledge*, Cambridge: Cambridge University Press, 1970.

James Buchanan and Viktor Vanberg, "Constitutional Implication of Radical Subjectivism", *Review of Austrian Economics*, Vol. 15, No. 2/3, 2002, pp. 121 - 129.

James Buchanan, "Choosing What to Choose", *Journal of Institutional and Theoretical Economics*, 1994, Vol. 150, No. 1, 1994, pp. 123 - 135.

James Buchanan, "Positive Economics, Welfare Economics, and Political Economy", *Journal of Law and Economics*, Vol. 2, No. 1, 1959, pp. 124 - 138.

John Cairness, *The Character and Logical Method of Political Economy*, London: Frank Cass, 1875/1965.

John Davis, "Economic Methodology since Kuhn", in Warren Samuels, Jeff Biddle, and John Davis, eds., *A Companion to the Histoty of Economic Thought*, Oxford: Blackwell, 2002.

John Elster, "Social Norms and Economic Theory", *Journal of Economic Perspectives*, Vol. 3, No. 4, 1989, pp. 99 – 117.

John Hicks, "A Discipline not a Science", in John Hick, ed., *Classics and Mordens*, Oxford: Blackwell, 1983.

John Keynes, *The Scope and Method of Political Economy*, Kitchener: Batoche Books, 1890/1999.

John Mill, *A System of Logic. Ratiocinative and Inductive* (Collected Works, Vol. Ⅶ - Ⅷ), Toronto: Toronto University Press, 1843/1974 (Reprint).

John Mill, "On the definition of Political Economy; and on the Method o f Investigation Proper to it", in *Essays on Some Unsettled Questions of Political Economy*, London: West Strand, 1836/1844 (Reprint), pp. 120 – 164.

Joseph Henrich, Robert Boyd, Samuel Bowels, Colin Camerer, Ernst Fehr, Herbert Gintis, and Richard McElreath, "Cooperation, Reciprocity and Punishment in Fifteen Small - Scale Societies", *American Economic Review*, Vol. 91, No. 2, 2001, pp. 73 – 78.

Joseph Schumpeter, *History of Economic Analysis*, New York: Oxford University Press, 1954.

Joseph Stiglitz, "The New Development Economics", *World Development*, Vol. 14, No. 2, 1986, pp. 257 – 265.

Karen Horn, *Roads to Wisdom: Conversations with Ten Nobel Laureates in Economics*, Cheltenham: Edward Elgar Publishing Ltd., 2009.

Karl Popper, *The Logic of Scientific Discovery*, New York: Harper Torch Books, 1959.

Karl Popper, *Unended Quest: An Intellectual Autobiography*, London: Routledge, 1992.

Karl Popper, "Models, Instruments, and Truth", in M. A. Nottorno, ed., *The Myth of the Framework: in Defense of Science and Rationality*, London: Routledge, 1994, pp. 154 – 184.

Ken Binmore, "Experimental Economics", *European Economic Review*, Vol. 31,

No. 1 -2, 1987, pp. 257 -264.

Ken Binomore and Avner Shaked, "Experimental Ecomomics: Where Next", *Journal of Economic Behavior & Organization*, Vol. 73, No. 1, 2010, pp. 87 -100.

Lionel Robbins, *An Essay on the Nature and Significance of Economic Science* (*second edition*), London: Macmillan and Co., Limited, 1935/1945 (Reprint).

Maria Paganelli, "The Same Face of the Two Smiths: Adam Smith and Veron Smith", *Journal of Ecomomic Behavior & Organization*, Vol. 78, No. 3, 2011, pp. 246 -255.

Mark Blaug, *Economic Theory in Retrospect* (*third edition*), Cambridge: Cambridge University Press, 1978.

Mark Blaug, *The Methodology of Economics* (*second edition*), Cambridge: Cambridge University Press, 1992.

Mark Blaug, "Not only an Economist: Autobiographical Reflections of a Historian of Economic Thought", *American Economist*, Vol. 38, No. 2, Fall 1994, pp. 12 -27.

Matthew Rabin, "A Perspective on Psychology and Economics", *European Economi Review*, Vol. 46, No. 4 -5, 2002, pp. 657 -685.

Matthew Rabin, "Incorporating Fairness Into Game Theory and Economics", *American Economic Review*, Vol. 83, No. 5, 1993, pp. 1281 -1302.

Milton Friedman, "The Methodology of Positive Economics", in *Essays in Positive Economics*, Chicago: Chicago University Press, 1953.

Paul Lewis, "Emergent Properties in the Work of Friedrich Hayek", *Journal of Economic Bebavior & Organization*, Vol. 82, No. 2/3, 2012, pp. 368 -378.

Paul Samuelson, "Economic Forecasting and Science", in Robert Merton ed., *The Collective Scientific Papers of Paul A. Samuelsonn*, Massachusetts, Cambridge: MIT Press, 1965/1972, pp. 774 -780.

Paul Samuelson, "Professor Samuelson on Theory and Realism: Reply", in Robert Merton, ed., *The Collective Scientific Papers of Paul A. Samuelson*, 1965/1972, pp. 765 -773.

Paul Samuelson, "Theory and Realism: A Reply", in Robert Merton, ed., *The Collective Scientific Papers of Paul A. Samuelsonn*, Cambridge, Massachusetts: M. I. T Press, 1964/1972, pp. 761 – 764.

Rachel Groson and Simon Cacher, "The Science of Experimental Economics", *Journal of Economic Behavior & Organization*, Vol. 73, No. 1, 2010, pp. 122 – 131.

Ray Canterbury and Robert Burkhardt, "What Do We Mean by Asking Whether Economics Is a Science?", Alfred Eichner, ed., *Why Economics Is Not Yet a Science*, London: Macmillan, 1983, pp. 15 – 40.

Samantha Cook, Corrie Conrad, Ashley Fowlkes and Matthew Mohebbi, "Assessing Google flu trends performance in the United States during the 2009 influenza virus A (H1N1) pandemic", *PLoS one*, Vol. 6, No. 8, 2010, pp. 1 – 8.

Stephen Hawking and Leonard Mlodinow, *The Grand Design*, New York: Bantam Books, 2010.

T. W. Hutchison, *The Significance and Basic Postulates of Economic Theory*, London: Macmillan, 1938.

Vernon Smith and Bart Wilson, "Fair and Impartial Spectators in Experimental Economic Behavior", *Review of Behavioral Economics*, Vol. 1, No. 1 – 2, 2014, pp. 1 – 26.

Vernon Smith, "Constructivist and Ecological Rationality in Economics", *American Economic Review*, Vol. 93, No. 3, 2003, pp. 465 – 508.

Vernon Smith, "Economics in the Laboratory", *Journal of Economic Perspective*, Vol. 8, No. 1, 1994, pp. 113 – 131.

Vernon Smith, "Experimental Economics: Induced Value Theory", *American Economic Review*, *Papers and Proceedings*, Vol. 66, No. 2, 1976, pp. 274 – 279.

Vernon Smith, "Experimental Economics: Reply", *American Economic Review*, Vol. 75, No. 1, 1985, pp. 265 – 272.

Vernon Smith, "Method in Experiment: Rhetoric and Reality", *Experimental Economics*, Vol. 5, No. 2, 2002, pp. 91 – 110.

Vernon Smith, "The Two Faces of Adam Smith", *Southern Economic Journal*,

Vol. 65, No. 1, 1998, pp. 1 – 19.

Vernon Smith, "Theory and Experiment: What are the Questions?", *Journal of Economic Behavior & Organization*, Vol. 73, No. 1, 2010, pp. 3 – 15.

Vernon Smith, "Theory, Experiment and Economics", *Journal of Economic Perspective*, Vol. 3, No. 1, 1989, pp. 151 – 169.

Vernon Smith, "What would Adam Smith think?", *Journal of Economic Behavior & Organization*, Vol. 73, No. 1, 2010, pp. 83 – 86.

Vivian Walsh, "Sen after Putnam", *Review of Political Economy*, Vol. 15, No. 3, 2003, pp. 315 – 394.

Walter Buckler, *Sociology and Modern Systems Theory*, New Jersry: Prentice – Hall, Inc, 1994.

Warren Weaver, "Science and complexity", *American Scientist*, Vol. 36, No. 4, 1948, pp. 536 – 544.

索　引

D

大数据　3，42，72－74，82－96

迪昂—奎因论题　4，63，64，104，106－110，114，115

F

范式　5，26，41，49，50，53，59，70，73，75，77，80，101，111，113，114，117，130，135

复杂现象　3，7，10，23，27，28，30，31，33，35－37，41－54，67，71，77，82，90，127，135－137

G

个人主义　10，22，36，136

工程学　4，24，25，29，57，59，64，65，115，117－122，127，129－133

H

还原主义　28，30，36，47，48，81，136

J

价值　1，3，5－7，9－24，26－30，38，40，44－47，49，53，59，61，62，64，65，76，82，83，85，93，95，101，102，105，109，112，115，119，122，124，128，129，132，133，135－137

简单现象　3，8，27，30，35－37，41－46，48－51，53，54，67，68，81，127，136，137

经验检验　3，4，19，24－27，31，39，41，52，55，57－60，62－72，74－77，79，80，82，87，88，95－99，101－106，108，111，113－116，119，121，135

精确预测　27，28，51，82，136，137

K

可控制 2，97，105，114，117，121
可 重 复 2，94，97，102，105，106，111，117，120 - 122，127，132

L

理性 3，4，9 - 11，23 - 26，30，34 - 41，43，45，46，49，50，52 - 54，61，82，83，101，103，106，111 - 114，122，124，126 - 128，136，137
伦理学 1，2，4，14，24，25，29，33，59，65，112，114，115，118，119，122，127，128，131 - 133，135
逻辑实证主义 16，19，23，27，37，59 - 61，66，70，99，114，118，119

M

模式预测 26，27，51，52，54，66，68 - 70，82，135 - 137

Q

亲社会偏好 29，117，122 - 128，133
情境分析 3，25，33 - 41，43，48，51 - 55，136

S

实验 2 - 4，6，14，15，28，29，45，50，52，53，58，62，63，67，69，71，75，76，79，94 - 101，103 - 117，119 - 133，135
事实 1，3，5，6，8，10，12 - 17，19，20，22 - 26，28 - 30，36，37，39，44，46，47，50，58，59，61 - 63，65，66，68，71，77，79，80，87，90，93 - 95，99，102，106，108，110 - 115，128，133

Y

硬科学 2 - 4，25，28，30，31，41，55，70，72，74，80，96，115 - 117，133，135，136

Z

证 伪 主 义 24，31，34，38，39，54，60，66，79，97，99 - 103，114
制度 4，12 - 14，21，45，49，51，52，64，67，93，101，105，106，109，111，112，115，117，120，122，123，127 - 133，136，137

后　记

本书实是哈耶克所谓的“自发秩序”（Spontaneous Order）的产物。书中的各个章节原本只是我在不同时期的思想片段甚至火花，但当我在有意无意之间将它们加以整理时，却发现这些知识碎片竟然能够拼接为一幅虽然迷你但却较为完整的心智地图，足以表现我近年来在经济学思想史和方法论领域的问题意识——经济学是硬科学吗？于是，也许正应了王国维在《人间词话》中引辛弃疾《青玉案·元夕》对学问之境界的形容：“众里寻他千百度，蓦然回首，那人却在灯火阑珊处。”我当然不敢妄言已达“随心所欲不逾矩”的问学境界，但集成此书毕竟算有所小成，故倒也欣欣然矣。自发秩序与建构秩序的重要差别之一在于前者缺了些井然感，落实到拙作上，就是各章节的内容可能会略有重复之处，虽然我已经尽力修剪。不过，考虑到当下流行着“重要的事情说三遍”的原则，我的愧怍之心倒也大大减轻了。

虽然有落于俗套之嫌，但我还是要感谢很多在学术上给予过我帮助的良师益友。

首先，要感谢我的博士生导师朱成全教授和博士后合作导师王国成研究员。没有你们的指引和鼓励，我不会下定决心走上学术的道路。也许我的成就还没有达到你们的期望，那我只好“衣带渐宽终不悔，为伊消得人憔悴”了。

其次，要感谢西南政法大学经济学院这个群体中的每一个人。冒着挂一漏万的风险，我要在学术方面尤其感谢李树教授、刘苓玲教授、陈刚教授、陈屹立教授、鲁钊阳副教授、雷国雄副教授、于文超博士、李云森博士。子曰“见贤思齐”，感谢你们在很多方面都比我优秀，这给了我学习的机会、努力的目标和追赶的动力。

再次，要感谢其他所有在学术上给我提供过支持的人，尤其是重庆理工大学的刘贞教授。没有您的帮助，我的研究方向的转型也许永远只能停留在空想阶段，是您帮我把空想变为了科学。大恩不言谢，我也照旧不多与您客气了，谁让您是我的师兄呢。

又次，蒙审稿人和编者的错爱，本书是我的作品第二次入选“中国社会科学博士后文库”并由经济管理出版社负责出版。在此，我对所有为拙作的出版付出过辛勤劳动的老师们致以深深的谢意。我尤其要感谢宋娜老师，如果没有您的鼓励和提醒，我恐怕只能与文库“无缘对面不相逢”了。

最后，但也是最重要的，我要感谢我的妻子和女儿。

我的妻子经常是我作品的第一读者，也是我的头号勤务员。没有你的付出，也许就没有这本书的存在，因为书中处处都有你的影子。古人云：“书中自有颜如玉”，直到遇见你，我才相信古人诚不欺也。

我的女儿是我心目中的 No. 1，这也许是所有父亲们的共同心理。你和老爸有共同的爱好——读书，希望你以后也能“昨夜西风凋碧树，独上高楼，望尽天涯路”。以下说法可能会对本书的审稿人、编辑和读者有些不敬，不过基于学术上的诚实，我必须承认，女儿才是我最骄傲的作品。

哈维·罗森在其经典教科书《财政学》中教导所有的作者，“写一篇长序是不明智的”。类推之，冗长的后记也定是面目可憎。赶快就此打住吧。

汪毅霖
2016 年 7 月 18 日
修订于泰山泰水之新宅

专家推荐表

<table>
<tr><td colspan="4">第五批《中国社会科学博士后文库》专家推荐表 1</td></tr>
<tr><td>推荐专家姓名</td><td>王国成</td><td>行政职务</td><td></td></tr>
<tr><td>研究专长</td><td>数量经济学</td><td>电　　话</td><td></td></tr>
<tr><td>工作单位</td><td>中国社会科学院数量经济学与技术经济研究所</td><td>邮　　编</td><td>100732</td></tr>
<tr><td>推荐成果名称</td><td colspan="3">经济学能够成为硬科学吗？——方法论视角的研究</td></tr>
<tr><td>成果作者姓名</td><td colspan="3">汪毅霖</td></tr>
<tr><td colspan="4">（对书稿的学术创新、理论价值、现实意义、政治理论倾向及是否达到出版水平等方面做出全面评价，并指出其缺点或不足）

该书从方法论的视角思考经济学的学科性质，在国内研究中有一定的代表性。基于目前经济学在社会科学中的显学地位，该书的研究有很强的理论价值和一定的应用价值。该书坚持马列主义的正确立场，不存在有问题的政治观点。综上，我认为该书达到了出版水平。该书的遗憾在于虽然多处指出了实证经济学方法论的缺陷，但是没有利用具体的实证数据来说明这一问题，期望作者在未来能够加强方法论研究和实证研究的结合。

签字：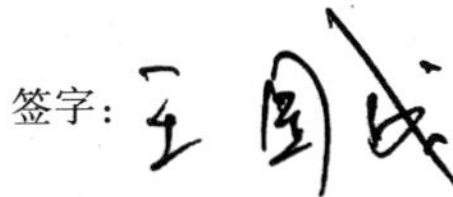
2015 年 11 月 28 日</td></tr>
<tr><td colspan="4">说明：该推荐表由具有正高职称的同行专家填写。一旦推荐书稿入选《博士后文库》，推荐专家姓名及推荐意见将印入著作。</td></tr>
</table>

第五批《中国社会科学博士后文库》专家推荐表 2			
推荐专家姓名	刘苓玲	行政职务	
研究专长	福利经济学	电　　话	
工作单位	西南政法大学经济学院	邮　　编	401120
推荐成果名称	经济学能够成为硬科学吗?——方法论视角的研究		
成果作者姓名	汪毅霖		

（对书稿的学术创新、理论价值、现实意义、政治理论倾向及是否达到出版水平等方面做出全面评价，并指出其缺点或不足）

作者的研究结合了大数据经济学和实验经济学等前沿领域，展现了作者敏锐的学术前沿意识和较高的学术创新能力。作者在书中讨论了若干重要的经济学方法论问题，故有较强的理论和现实意义。本身坚持了马列主义的政治立场，坚持了正确的学术导向。遗憾之处在于，作者在批判主流经济学方法论的过程中，没有从马克思主义政治经济学的立场加以分析，造成了研究视角的不充分。综上所述，该书完全符合出版要求，建议出版。

签字：刘苓玲

2015 年 11 月 25 日

说明：该推荐表由具有正高职称的同行专家填写。一旦推荐书稿入选《博士后文库》，推荐专家姓名及推荐意见将印入著作。